Desserts de grands-mères pour faire craquer le grand méchant loup

Direction éditoriale : Anne-Laure Marie
Édition : Sophie-Dorothée Boucher-Delesalle
Coordination éditoriale : Maud Taïeb
Relecture-correction : Annabelle Biau, Jean-Pierre Leblan, Marie Marin
Iconographie : Annabelle Biau
Conception graphique : Julien Josset
Composition : Maogani
Illustrations : Lise Herzog

Division de Reed Business Information – SAS au capital de 4 099 168 €
Forum 52, 52 rue Camille-Desmoulins, 92448 Issy-les-Moulineaux Cedex
Actionnaire principal : Reed Elsevier France
Président : Antoine Duarte

ISBN : 978-2-8095-0438-5

Sylvie Dumon-Josset

Desserts de grands-mères pour faire craquer le grand méchant loup

prat éditions

Merci aux vingt-sept délicieuses personnes
qui ont nourri le contenu de ce livre :
mes mamies, Mamou, Mutti, mes tatas Élise
et Huguette, Annaïg, Annie, Colette,
Françoise, Jehanne, Lisette, Lucie, Marcelle,
Marie-Jeanne, Marie-Rose, Marthe, Micheline,
Mimi, Odette, Olga, Pierrette et Kahena,
Simone, Victorine, et Michel.

Qui peut encore croire que le Grand Méchant Loup ait été assez bête pour dévorer une grand-mère toute maigrelette ? S'il était si pressé d'arriver le premier dans sa chaumière, c'est parce qu'il convoitait son riz au lait onctueux, sa délicieuse crème renversée ou sa divine tarte aux pralines !

Il redoubla de patience et de courtoisie envers la vieille femme, tant et si bien qu'il finit par l'apprivoiser. Il domina ses bas instincts jusqu'à céder la plus grosse part de galette au Petit Chaperon rouge. La petite fille, conquise, en fit en secret son meilleur ami. Quant aux moutons des environs, ils purent enfin paître en paix. Rassasié et repu, le prédateur ne montrait plus ses crocs cariés qu'aux rôdeurs venus importuner sa Mère-Grand préférée.

Avertissement : *ce livre de recettes émane de grands-mères qui n'ont jamais eu peur du loup ni d'aucune autre espèce vorace. Il est recommandé à leurs petites-filles qui, ayant passé l'âge d'être chaperonnées, voudraient séduire le bel animal, sauvage et racé, qui hante leurs pensées.*

SOMMAIRE

Les gâteaux

Gâteaux simples

Gâteaux de fête

Les tartes

Parfums d'hiver

Saveurs estivales

Les entremets

Entremets onctueux

SOMMAIRE

Entremets fruités

Autres gourmandises

Biscuits, beignets...

Confitures et compotes

Confiseries

Les gâteaux

À peine arrivé devant la chaumière de Mère-Grand, le loup flaira une odeur alléchante. Du sucre ? Du miel ? Difficile à dire pour lui qui devait généralement se contenter de baies ou de mulots chétifs. Il tira la chevillette et se présenta sous son meilleur jour : poli, gentil, souriant (sans exagérer). Sensible aux bonnes manières mais méfiante, Mère-Grand lui referma la porte au nez.

Loin de capituler, le loup se glissa près de la fenêtre et vit alors la vieille femme occupée à démouler un irrésistible pain d'épice. Et voilà que le Petit Chaperon rouge arrivait avec une galette et un petit pot de beurre… Il lui fallait trouver le moyen d'amadouer ces deux spécimens humains !

Il reviendrait le lendemain.

Suite page 59

GÂTEAUX SIMPLES

Quatre-quarts aux pommes

Préparation : 20 min ❤ ***Cuisson :*** environ 40 min

Pour 4 à 5 personnes

Pour le caramel

- *15 morceaux de sucre*
- *½ verre d'eau*
- *quelques gouttes de citron*

Pour la pâte

- *100 g de beurre*
- *100 g de sucre en poudre*
- *le zeste de ½ orange*
- *2 œufs*
- *100 g de farine*
- *1 sachet de levure chimique*
- *70 g de poudre d'amandes*

Pour le quatre-quarts

- *3 pommes*
- *beurre*
- *sucre en poudre*

Le caramel

1 Déposez les morceaux de sucre dans une casserole, versez l'eau froide (elle doit à peine recouvrir le sucre) et ajoutez les gouttes de jus de citron.

2 Faites chauffer à feu moyen sans remuer.

3 Lorsque le sucre commence à se colorer, remuez délicatement la casserole. Le caramel est prêt lorsqu'il a pris une belle couleur blonde.

4 Retirez aussitôt la casserole du feu et versez le caramel dans le fond d'un moule à manqué de 18 cm de diamètre.

La pâte

1 Dans un saladier, mélangez le beurre ramolli avec le sucre et ajoutez le zeste d'orange finement râpé.

2 Cassez les œufs et incorporez-les à la préparation.

3 Ajoutez la farine amalgamée à la levure et à la poudre d'amandes et mélangez.

Le quatre-quarts

1 Préchauffez le four, thermostat 6 (180 °C).

2 Pelez les pommes, coupez-les en deux, ôtez-en le cœur et les pépins.

3 Taillez-les en tranches et faites-les revenir à la poêle avec un peu de beurre et de sucre en poudre.

4 Rangez-les dans le fond du moule à manqué.

5 Versez la pâte sur les pommes.

6 Enfournez pour 40 min environ.

7 Retournez le gâteau encore tiède sur un plat et mettez-le au frais.

ASTUCES GOURMANDES

“Pour obtenir un gâteau léger et moelleux, je sépare les blancs des jaunes d'œufs, je les monte en neige ferme et les incorpore au mélange jaunes/sucre/beurre.

Coupées trop finement, les pommes risquent de disparaître ; taillées trop grossièrement, elles ne seront pas assez fondantes.”
Pierrette

GÂTEAUX SIMPLES

Gâteau Anna

Préparation : environ 20 min ♥ ***Cuisson :*** 20 à 25 min

Pour 4 personnes

- *4 c. à s. de farine*
- *½ paquet de levure chimique*
- *4 c. à s. de sucre en poudre*
- *2 petits œufs ou 1 gros*
- *1 pincée de sel*
- *1 c. à s. d'eau*
- *125 g de beurre*
- *4 poires ou 4 pommes*

1 Versez la farine, la levure, le sucre et les œufs dans un saladier.

2 Ajoutez le sel et l'eau puis mélangez afin d'obtenir une pâte grossière.

3 Faites fondre le beurre puis incorporez-le au mélange.

4 Pelez et coupez les fruits en quartiers ou en gros cubes.

5 Ajoutez-les à la pâte.

6 Versez le tout dans un moule beurré et fariné.

7 Mettez au four préchauffé à 200 °C (thermostat 6/7) et laissez cuire 20 à 25 min.

ASTUCE GOURMANDE

“ Il m'arrive aussi de réaliser ce gâteau en mélangeant 2 pommes et 2 poires. Le mariage est délicieux.” ***Micheline***

GÂTEAUX SIMPLES

Gâteau à l'orange

Préparation : 30 min ♥ ***Cuisson :*** environ 30 min

Pour 6 personnes

- *115 g de beurre*
- *115 g de sucre cristallisé*
- *2 œufs*
- *2 oranges*
- *1 c. à c. de levure sèche*
- *115 g de farine*
- *115 g de sucre glace*

1 Faites chauffer une terrine.

2 Lorsqu'elle est bien chaude, mettez le beurre dedans et travaillez-le avec une spatule en bois afin de le rendre crémeux.

3 Petit à petit, ajoutez le sucre, en travaillant toujours le mélange à la spatule, puis les œufs l'un après l'autre.

4 Râpez le zeste de 1 orange, pressez son jus et ajoutez le tout à la pâte.

5 Mélangez la levure à la farine et incorporez-les à la pâte progressivement.

6 Beurrez généreusement un moule à génoise et versez-y la pâte.

7 Mettez à four moyen, thermostat 6 (180 °C), environ 30 min.

8 Pendant ce temps, préparez le glaçage :

- faites dissoudre le sucre glace avec le jus de la seconde orange ;
- travaillez jusqu'à obtenir un sirop coulant et épais.

9 Démoulez le gâteau sitôt cuit et arrosez immédiatement avec le glaçage à l'orange.

GÂTEAUX SIMPLES

Gâteau à l'ananas

Préparation : environ 15 min ♥ ***Cuisson :*** environ 30 min

Pour 4 à 5 personnes

- *12 morceaux de sucre*
- *½ verre d'eau*
- *3 œufs entiers*
- *150 g de sucre en poudre*
- *150 g de farine*
- *1 paquet de levure chimique*
- *125 g de beurre*
- *1 boîte de tranches d'ananas au sirop*
- *1 verre à liqueur de rhum*

1 Faites fondre le sucre avec l'eau dans une casserole.

2 Versez ce caramel dans un moule puis déposez les tranches d'ananas égouttées.

3 Réservez le jus.

4 Mélangez les œufs avec le sucre, la farine et la levure.

5 Faites fondre le beurre et ajoutez-le au mélange.

6 Versez la pâte sur le caramel et les ananas.

7 Mettez au four préchauffé, thermostat 5/6 (160 °C), et laissez cuire 30 min environ.

8 Démoulez chaud et arrosez avec le jus des ananas parfumé au rhum.

GÂTEAUX SIMPLES

Gâteau amandine aux abricots

Préparation : 20 min ♥ ***Cuisson :*** environ 30 min

Pour 6 personnes

- *6 à 8 abricots*
- *3 œufs*
- *100 g de sucre en poudre*
- *1 pincée de sel*
- *50 g de farine*
- *75 g de poudre d'amandes*
- *1 sachet de levure chimique*
- *½ c. à c. d'extrait d'amande amère*
- *100 g de beurre*
- *1 c. à s. de kirsch (facultatif)*
- *2 c. à s. d'amandes effilées (facultatif)*

ASTUCE PRATIQUE

« Pour vous simplifier la vie, garnissez le gâteau avec des abricots secs ou des oreillons d'abricots au sirop. Et variez les fruits au fil des saisons : poires ou pommes que vous aurez fait caraméliser, cerises, rhubarbe... »
Pierrette

1. Préchauffez le four, thermostat 6/7 (200 °C).
2. Beurrez et saupoudrez de sucre un moule à manqué de 22 cm de diamètre.
3. Lavez et essuyez les abricots.
4. Coupez-les en deux et dénoyautez-les.
5. Fouettez les œufs, ajoutez le sucre et la pincée de sel.
6. Incorporez la farine puis la poudre d'amandes, la levure et l'extrait d'amande amère.
7. Travaillez l'ensemble jusqu'à obtenir une pâte homogène.
8. Faites fondre le beurre dans une casserole à feu doux.
9. Laissez-le tiédir avant de le verser sur la pâte.
10. Mélangez le tout.
11. Ajoutez éventuellement le kirsch.
12. Disposez les moitiés d'abricots face bombée contre le moule.
13. Versez la pâte dessus.
14. Enfournez 30 min environ.
15. Laissez refroidir le gâteau, puis retournez-le sur un plat et décorez-le avec les amandes effilées.

GÂTEAUX SIMPLES

Gâteau aux noisettes

Préparation : 20 min ❤ ***Cuisson :*** 30 à 35 min

Pour 5 à 6 personnes

- *4 blancs d'œufs*
- *100 g de sucre glace*
- *100 g de beurre*
- *250 g de poudre de noisettes*
- *50 g de farine*
- *5 g de levure chimique*
- *1 pincée de sel*

1. Montez les blancs d'œufs en neige ferme (en ajoutant la pincée de sel).
2. Incorporez délicatement 40 g de sucre, en deux fois.
3. Faites fondre le beurre au bain-marie.
4. Dans un saladier, mélangez la poudre de noisettes, la farine tamisée avec la levure et le reste de sucre.
5. Incorporez les blancs en neige dans ce mélange.
6. Versez le beurre fondu en continuant à remuer très délicatement pour obtenir une préparation homogène.
7. Préchauffez le four, thermostat 6 (180 °C).
8. Versez la pâte dans un moule à manqué préalablement beurré.
9. Enfournez et laissez cuire 30 à 35 min.
10. Laissez le gâteau refroidir et servez-le accompagné d'une gelée de groseilles, par exemple (voir la recette p. 162).

GÂTEAUX SIMPLES

Biscuit roulé à la gelée de groseilles

Préparation : 40 min ♥ ***Cuisson :*** environ 15 min

Pour 6 à 8 personnes

- *4 œufs*
- *120 g de sucre semoule*
- *1 c. à c. d'extrait de vanille*
- *90 g de farine*
- *1 c. à c. de levure chimique*
- *1 pincée de sel*
- *1 pot de gelée de groseilles (voir la recette p. 162)*
- *sucre glace*

ASTUCE GOURMANDE

“ Vous pouvez remplacer la gelée de groseilles par toute autre confiture et napper le biscuit d'une ganache au chocolat. Pour cela, faites fondre 100 grammes de chocolat au bain-marie. Versez dessus 10 centilitres de crème liquide chauffée et incorporez 25 grammes de sucre glace. Mélangez jusqu'à ce que la ganache soit bien lisse et étalez-la sur le biscuit avec la lame d'un couteau.”
Victorine

1 Préchauffez le four, thermostat 6 (180 °C).

2 Recouvrez une plaque de cuisson de papier sulfurisé.

3 Cassez les œufs en séparant les blancs des jaunes.

4 Battez au fouet les jaunes d'œufs avec le sucre et l'extrait de vanille.

5 Ajoutez la farine tamisée avec la levure. Mélangez.

6 Battez les blancs d'œufs en neige après avoir ajouté la pincée de sel.

7 Incorporez-les délicatement à la préparation.

8 Étalez la pâte sur la plaque de cuisson avec une spatule de manière à former une couche uniforme.

9 Enfournez pendant environ 15 min (la pâte doit blondir).

10 Sortez le biscuit du four et laissez-le tiédir en le couvrant d'un torchon humide pour qu'il garde sa souplesse.

11 Décollez le biscuit en tirant sur la feuille de papier sulfurisé et tartinez-le de gelée de groseilles. La couche doit être assez épaisse.

12 Roulez l'ensemble bien serré.

13 Saupoudrez de sucre glace.

GÂTEAUX SIMPLES

Charlotte aux fraises

Préparation : 20 min (hors temps de réfrigération)

Pour 6 personnes

- *1 livre de fraises*
- *1 verre à liqueur de crème de cassis*
- *30 biscuits à la cuillère*
- *20 cl de crème fraîche*
- *3 c. à s. de sucre semoule*

1 Rincez les fraises, égouttez-les et équeutez-les.

2 Si les fraises sont grosses, coupez-les en deux.

3 Dans un bol, allongez la crème de cassis avec de l'eau.

4 Trempez rapidement chaque biscuit dans ce « jus ».

5 Battez au fouet la crème et le sucre.

6 Tapissez le moule à charlotte de biscuits imbibés, côté bombé vers la paroi du moule.

7 Versez en alternance une couche de crème et une couche de fraises.

8 Terminez par une couche de biscuits.

9 Posez une assiette sur le moule et ajoutez un poids dessus.

10 Placez au réfrigérateur au moins 3 h (mais pas toute une nuit : la charlotte s'affaisserait).

11 Démoulez et servez la charlotte éventuellement recouverte d'un coulis de fraises.

ASTUCE PRATIQUE

“ *En général, les charlottes se démoulent bien mais, pour éviter tout accident, on peut humidifier le moule et poser sur ses bords un film alimentaire avant d'installer les biscuits.”*
Mamou

GÂTEAUX SIMPLES

Charlotte chaude aux pommes et au pain dur

Préparation : 20 min ♥ ***Cuisson :*** environ 1 h 50

Pour 6 personnes

- *5 ou 6 tranches de pain rassis*
- *3 pommes*
- *50 g de beurre salé*
- *6 à 8 c. à s. de sucre en poudre*
- *4 œufs*
- *2 paquets de sucre vanillé*
- *1 verre à liqueur de calvados*

1 Beurrez un moule à charlotte.

2 Tapissez-le de fines tranches de pain rassis puis d'une couche de pommes en lamelles, puis d'une couche de beurre salé, et enfin d'une couche de sucre en poudre.

3 Recommencez l'opération en finissant par le sucre.

4 Mettez l'ensemble à cuire au four, thermostat 5 (150 °C), environ 1 h 30.

5 Pendant ce temps, battez les œufs en omelette.

6 Ajoutez-y le sucre vanillé et le calvados.

7 Versez le tout sur le gâteau chaud et remettez à cuire environ 20 min.

8 Servez chaud, comme un soufflé, ou tiède.

GÂTEAUX SIMPLES

Charlotte au chocolat

Préparation : 20 min (hors temps de réfrigération)

Pour 6 personnes

- *6 barres de chocolat noir*
- *6 œufs + 1 blanc d'œuf*
- *1 sachet de sucre vanillé*
- *1 pincée de sel*
- *1 tasse de café corsé*
- *1 trentaine de biscuits à la cuillère*

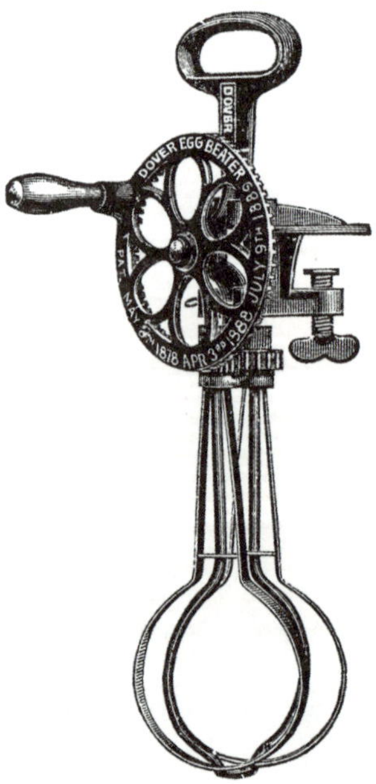

1 Faites fondre les morceaux de chocolat au bain-marie.

2 Cassez les œufs en séparant les blancs des jaunes.

3 Mélangez les jaunes avec le chocolat fondu.

4 Ajoutez le sucre vanillé.

5 Montez les blancs en neige avec la pincée de sel.

6 Incorporez délicatement les blancs au mélange œufs/chocolat avec une spatule en bois.

7 Trempez les biscuits à la cuillère dans le café corsé.

8 Tapissez-en le moule à charlotte, côté bombé vers la paroi du moule.

9 Versez en alternance une couche de mousse et une couche de biscuits, en terminant par une couche de biscuits.

10 Posez une assiette puis un poids (bol ou bocal) sur la dernière couche.

11 Placez au réfrigérateur au moins 3 h.

12 Démoulez et servez.

ASTUCE PRATIQUE

“ Lorsque j'incorpore les blancs en neige, je procède en deux fois : j'en verse d'abord 1/3 que je mélange assez vivement : ça détend le chocolat. Ensuite, j'incorpore le reste délicatement. Ainsi, les mousses sont toujours bien fermes.” ***Mamou***

GÂTEAUX SIMPLES

Cake au chocolat et aux griottes

Préparation : 20 min ♥ ***Cuisson :*** environ 30 min

Pour 6 personnes

- *200 g de chocolat noir*
- *100 g de beurre*
- *3 œufs*
- *100 g de sucre en poudre*
- *50 g de farine*
- *200 g de griottes ou de cerises à l'eau-de-vie*
- *1 à 2 c. à s. de kirsch*

1 Préchauffez le four, thermostat 6 (180 °C).

2 Faites fondre le chocolat et le beurre au bain-marie.

3 Fouettez les œufs et le sucre dans un saladier.

4 Versez la farine et mélangez.

5 Incorporez le beurre et le chocolat fondus.

6 Ajoutez les cerises et le kirsch.

7 Versez le tout dans un moule à cake beurré et fariné.

8 Mettez au four environ 30 min.

GÂTEAUX SIMPLES

Gateau aux petits-beurre

Préparation : 5 min ♥ ***Cuisson :*** environ 15 min (pour la crème pâtissière)

Pour 6 personnes

Pour la crème pâtissière

- *½ l de lait*
- *2 c. à s. de sucre en poudre*
- *2 c. à s. de fécule*
- *2 œufs*

Pour le gâteau

- *1 paquet et ½ de petits-beurre*
- *½ plaquette de chocolat noir*

La crème pâtissière

1 Faites chauffer le lait dans une casserole et ajoutez le sucre.

2 Versez ensuite la fécule et fouettez l'ensemble.

3 Cassez les œufs dans un saladier et battez-les.

4 Versez le lait sucré chaud dessus.

5 Mélangez et remettez à chauffer 2 à 3 min, pas plus.

Le gâteau

1 Garnissez le fond d'un plat à gratin d'une rangée de petits-beurre.

2 Versez la crème pâtissière dessus.

3 Râpez le chocolat noir sur la couche de crème.

4 Renouveler plusieurs fois l'opération en finissant par des copeaux de chocolat noir.

ASTUCES PRATIQUES

“Je verse le lait chaud sur les œufs et non pas l'inverse, sinon les œufs cuiraient.

Ce dessert peut se préparer la veille.” ***Simone***

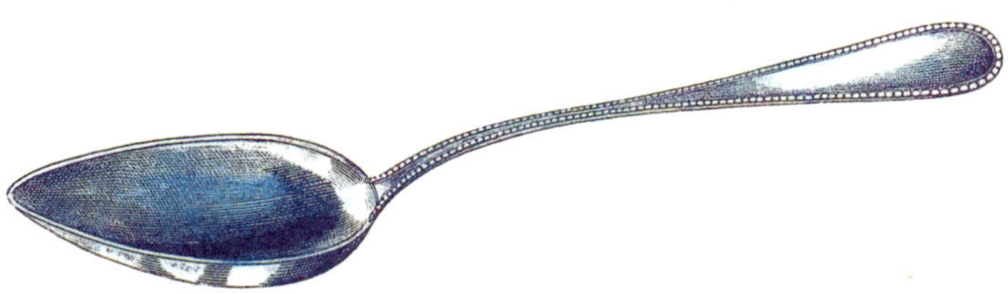

GÂTEAUX SIMPLES

Marbré chocolat-vanille

Préparation : 30 min ♥ ***Cuisson :*** 50 à 55 min

Pour 6 personnes

- *60 g de chocolat noir*
- *1 c. à s. de cacao en poudre*
- *190 g de farine*
- *1 c. à c. de levure chimique*
- *130 g de beurre*
- *140 g de sucre en poudre*
- *3 œufs*
- *3 c. à s. de lait*
- *1 c. à c. d'extrait de vanille*

1. Préchauffez le four, thermostat 5/6 (160 °C).
2. Beurrez et farinez un moule à cake.
3. Râpez le chocolat et mélangez-le à la poudre de cacao.
4. Tamisez la farine avec la levure.
5. Travaillez le beurre en pommade puis ajoutez le sucre.
6. Incorporez les jaunes d'œufs, la farine et le lait après l'avoir fait tiédir.
7. Répartissez la pâte dans deux saladiers.
8. Incorporez l'extrait de vanille dans l'un, le mélange chocolat râpé/poudre de cacao dans l'autre.
9. Montez les blancs en neige.
10. Ajoutez ⅔ des blancs à la pâte chocolatée et le dernier tiers à la pâte vanillée.
11. Versez les deux pâtes dans le moule en les alternant.
12. Enfournez 50 à 55 minutes.
13. Laissez tiédir avant de démouler.

GÂTEAUX SIMPLES

Gâteau au chocolat moelleux

Préparation : 20 min ♥ ***Cuisson :*** environ 45 min

Pour 6 personnes

- *3 œufs*
- *leur poids en beurre, en sucre en poudre et en chocolat*
- *3 c. à s. de farine*

1 Faites fondre le chocolat à feu doux dans très peu d'eau.

2 Cassez les œufs en séparant les blancs des jaunes.

3 Travaillez ensemble le beurre, le sucre, les jaunes d'œufs puis la farine.

4 Ajoutez le chocolat fondu et mélangez.

5 Ajoutez les blancs d'œufs battus en neige en soulevant à coups de fouet sans tourner.

6 Versez dans un moule beurré.

7 Faites cuire au four à basse température, thermostat 4/5 (150 °C), environ 45 min.

8 Assurez-vous de la cuisson en introduisant la lame d'un couteau dans le gâteau.

9 Démoulez à froid.

10 Servez éventuellement accompagné d'une crème anglaise (voir la recette p. 52).

GÂTEAUX SIMPLES

Reine de Saba

Préparation : 15 min ♥ ***Cuisson :*** 30 min

Pour 6 personnes

- *125 g de chocolat noir*
- *60 g de beurre*
- *3 œufs*
- *125 g de sucre en poudre (ou moins)*
- *2 c. à s. rases de Maïzena*
- *75 g de poudre d'amandes*

1 Faites fondre le chocolat et le beurre au bain-marie.

2 Ajoutez les jaunes d'œufs et le sucre, puis la Maïzena et la poudre d'amandes.

3 Travaillez sans insister.

4 Montez les blancs d'œufs en neige puis incorporez-les à la préparation.

5 Versez dans un moule à manqué légèrement beurré.

6 Mettez au four, thermostat 5/6 (160 °C), pendant 30 min.

ASTUCE GOURMANDE

« On peut utiliser des amandes effilées, les torréfier à la poêle et les réduire ensuite en poudre. Leur saveur sera légèrement plus prononcée et se mariera très bien avec le chocolat.” **Victorine**

GÂTEAUX SIMPLES

Biscuit mousseline

Préparation : 35 min ♥ ***Cuisson :*** environ 40 min

Pour 6 personnes

- *4 œufs*
- *165 g de sucre en poudre + 15 g pour le moule*
- *le zeste de 1 citron ou 1 sachet de sucre vanillé*
- *85 g de Maïzena*
- *10 g de beurre (pour le moule)*

ASTUCE GOURMANDE

“ Ce biscuit, coupé en deux et fourré de confiture de fraises ou de mousse au chocolat, est un régal.” **Odette**

1 Cassez les œufs en séparant les blancs des jaunes.

2 Dans une terrine, travaillez longuement (au moins 15 min) les jaunes d'œufs avec le sucre en poudre. Le mélange doit être mousseux.

3 Ajoutez le zeste de citron ou le sachet de sucre vanillé puis, par petites quantités, la Maïzena.

4 Travaillez encore 15 min et incorporez à la préparation les blancs d'œufs montés en neige très ferme.

5 Versez le tout dans un moule à manqué beurré et saupoudrez de sucre en poudre.

6 Mettez au four, thermostat 6 (180 °C), et faites cuire environ 40 min.

GÂTEAUX SIMPLES

Flan pâtissier

Préparation : 20 min (hors temps de refroidissement de la crème) ♥ ***Cuisson :*** 30 min

Pour 6 personnes

Pour la pâte brisée

- *250 g de farine*
- *125 g de beurre*
- *1 œuf*
- *1 pincée de sel*

Pour la garniture

- *4 œufs*
- *150 g de sucre en poudre*
- *70 g de Maïzena*
- *2 c. à c. de vanille liquide*
- *60 cl de lait frais entier*
- *1 gousse de vanille*

ASTUCE GOURMANDE

“ On peut remplacer la vanille par 1 cuillerée à dessert d'eau de fleur d'oranger et ajouter des fruits à la préparation : des raisins secs ou, l'été, des fraises des bois, des framboises...”
Victorine

La pâte brisée

1 Faites une fontaine dans la farine, ajoutez le sel, cassez l'œuf au centre et ajoutez le beurre.

2 Pétrissez le tout, sans travailler trop longtemps la pâte qui doit rester élastique. Ajoutez au besoin un peu d'eau.

3 Formez une boule de pâte, enveloppez le pâton et laissez-le reposer au moins 2 h, l'idéal étant de préparer la pâte la veille.

La crème

1 Préchauffez le four, thermostat 6/7 (200 °C).

2 Dans un saladier, cassez et battez les œufs, ajoutez la moitié du sucre (75 g), la Maïzena et la vanille liquide. Mélangez.

3 Dans une casserole, faites chauffer le lait avec le reste du sucre.

4 Ajoutez la gousse de vanille coupée en deux et les graines que vous aurez récupérées avec la pointe d'un couteau.

5 Dès que le lait bout, versez-le (sans la gousse de vanille) sur le mélange œufs/sucre en remuant. Transvasez le tout dans la casserole.

6 Continuez à faire chauffer le mélange à feu doux, en remuant sans cesse jusqu'à ce qu'il épaississe.

7 Retirez du feu, versez dans un saladier et laissez refroidir.

Le flan

1 Étalez la pâte brisée et installez-la dans un moule à manqué préalablement beurré (les bords ne doivent pas dépasser).

2 Versez la crème dans le moule.

3 Faites cuire 20 min thermostat 6/7 (200 °C), puis 10 min thermostat 8 (240 °C) en surveillant : si le flan est déjà doré, couvrez-le d'une feuille de papier d'aluminium.

4 Laissez refroidir avant de servir.

GÂTEAUX SIMPLES

Flognarde aux pommes

Préparation : 15 min ❤ ***Cuisson :*** environ 30 min

Pour 6 à 8 personnes

- *3 pommes*
- *1 l de lait*
- *6 œufs*
- *130 g de sucre en poudre*
- *150 g de farine*
- *50 g de beurre*
- *1 pincée de sel*

1 Pelez les pommes, retirez le trognon et coupez-les en petits morceaux.

2 Préchauffez le four, thermostat 7 (210 °C).

3 Faites bouillir puis tiédir le lait.

4 Dans un saladier, cassez les œufs et fouettez-les avec le sucre.

5 Ajoutez la farine et le sel, mélangez en ajoutant petit à petit le lait tiède.

6 Battez le tout énergiquement.

7 Beurrez et farinez un moule aux bords assez hauts (la flognarde va gonfler).

8 Disposez les pommes dans le moule, versez la préparation dessus et ajoutez quelques noix de beurre.

9 Enfournez pour environ 30 min.

10 Dégustez tiède.

ASTUCES GOURMANDES

“ Ma mère préparait quelquefois la flognarde nature, sans pomme. C'est délicieux également. Selon la saison, on peut aussi y mettre des poires, des prunes. Certains font même flamber ce gâteau à mi-chemin entre la grosse crêpe et le flan.” ***Mamie Anna***

ASTUCE DIÉTÉTIQUE

“ Une pomme (crue) chaque matin éloigne le médecin !” Dicton préféré de ***Mamie Maria***

GÂTEAUX SIMPLES

Gâteau de ménage

Préparation : 30 min ♥ ***Cuisson :*** 20 à 25 min

Pour 6 personnes

- *3 verres de farine*
- *½ paquet de levure chimique*
- *1 pincée de sel*
- *5 c. à s. d'huile*
- *½ verre d'eau*
- *1 œuf*
- *400 ml de crème épaisse entière*
- *2 c. à s. de sucre en poudre*

1 Mélangez la farine, la levure et la pincée de sel.

2 Versez l'huile et pétrissez l'ensemble.

3 Ajoutez l'eau, peu à peu, jusqu'à obtenir une boule de pâte.

4 Étendez cette pâte au rouleau (sans attendre) et placez-la dans un moule à tarte de 22 cm.

5 Dans un bol, cassez l'œuf et battez-le.

6 Ajoutez la crème et le sucre.

7 Mélangez le tout et versez-le sur la pâte.

8 Mettez au four, thermostat 7 (200 °C), pendant 20 à 25 min. Le gâteau est prêt dès qu'il est doré.

9 Laissez reposer jusqu'à complet refroidissement.

ASTUCE PRATIQUE

“ Je remplace le beurre par de l'huile, y compris pour les pâtes à tarte, car je fais un peu de cholestérol. Je vous garantis que c'est aussi bon ! ”
Simone

GÂTEAUX SIMPLES

Pudding au pain

Préparation : 5 min ♥ ***Cuisson :*** environ 1 h

Pour 4 personnes

- *quelques tranches de pain rassis*
- *1 grand bol de lait*
- *100 g de sucre en poudre*
- *1 poignée de raisins secs*
- *3 œufs*
- *1 verre à liqueur de rhum*

1 Faites une bouillie assez épaisse avec le pain rassis, le lait et le sucre.

2 Ajoutez les raisins secs.

3 Battez les œufs puis incorporez-les au reste.

4 Versez la préparation dans un plat tapissé de papier sulfurisé.

5 Faites cuire 1 h environ à four modéré, thermostat 5/6 (160 °C).

6 Laissez refroidir après avoir arrosé le gâteau de rhum à la sortie du four.

GÂTEAUX SIMPLES

Pain d'épice

Préparation : 15 min ♥ ***Cuisson :*** environ 40 min

Pour 6 personnes

- *1 verre de lait*
- *200 g de farine*
- *100 g de sucre cristallisé*
- *4 bonnes c. à s. de miel*
- *1 œuf*
- *1 c. à c. de bicarbonate de soude (à défaut, 1 sachet de levure chimique)*
- *1 c. à c. d'anis vert*
- *1 c. à c. de cannelle*

1 Réchauffez le lait : il doit être tiède.

2 Mélangez tous les ingrédients, excepté les épices, dans un saladier.

3 Ajoutez l'anis vert et la cannelle.

4 Laissez reposer 1 h.

5 Beurrez un moule à cake et remplissez-le à moitié.

6 Faites cuire à four doux, thermostat 5 (150 °C), environ 40 min, en surveillant.

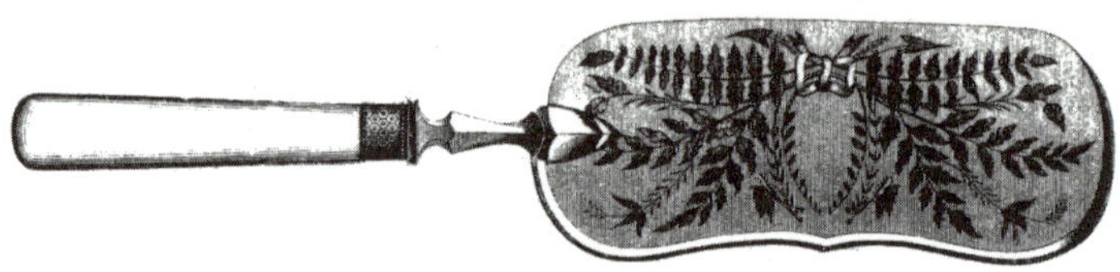

ASTUCE PRATIQUE

“ J'utilise volontiers du bicarbonate de soude à la place de la levure (1 c. à c. au lieu de 1 sachet de levure). Ça me paraît moins chimique. Le gâteau lève un peu moins mais, pour le pain d'épice, c'est parfait.” **Mamou**

ASTUCES GOURMANDES

“ Pour rendre le gâteau brillant comme chez le boulanger, badigeonnez-le d'un sirop de sucre : faites fondre le sucre dans un peu d'eau, à feu doux, en mélangeant.

Avec un reste de pain d'épice et des pommes, j'improvise des tartines pour le goûter. Je coupe les pommes en fines lamelles que je fais dorer à la poêle avec un peu de matière grasse, je les pose sur des tranches de pain d'épice et je passe le tout 1 minute sous le gril. C'est vite fait, croustillant, délicieux.” **Mamou**

GÂTEAUX DE FÊTE

Baba au rhum à la crème Chantilly

Préparation : 25 min ♥ *Cuisson :* environ 30 min

Pour 6 personnes

Pour la pâte

- *3 œufs*
- *150 g de sucre en poudre*
- *8 c. à s. de lait*
- *2 c. à s. d'huile*
- *1 pincée de sel*
- *175 g de farine*
- *1 paquet de levure chimique*

Pour le sirop

- *½ l d'eau*
- *125 g de sucre en poudre*
- *20 cl de rhum*

Pour la crème Chantilly

- *25 cl de crème fraîche entière liquide*
- *20 g de sucre glace*

La pâte

1. Battez les œufs avec le sucre.
2. Lorsque le mélange devient mousseux, ajoutez le lait, l'huile, le sel puis la farine.
3. Mélangez jusqu'à l'obtention d'une pâte lisse.
4. Au dernier moment, ajoutez la levure et battez énergiquement.
5. Versez la pâte dans un moule à savarin beurré.
6. Mettez au four, thermostat 6 (180 °C), et faites cuire environ 30 min.
7. Laissez refroidir le baba.

Le sirop

1. Faites chauffer l'eau dans une casserole.
2. Diluez le sucre et ajoutez le rhum.

La crème Chantilly

1. Versez la crème froide dans un saladier froid et fouettez énergiquement.
2. Dès qu'elle épaissit, ajoutez le sucre glace et continuez à fouetter jusqu'à ce que la crème soit ferme.

Le montage

1. Lorsque le baba a refroidi, imbibez-le de sirop chaud à plusieurs reprises.
2. Juste avant de servir, procédez à un dernier « arrosage » et garnissez le centre du baba avec la chantilly.

ASTUCE PRATIQUE

“ *Je pique le baba avec une aiguille à tricoter avant de le plonger dans le sirop. Ainsi, il n'est jamais trop sec.”*
Huguette

GÂTEAUX DE FÊTE

Paris-brest

Préparation : 40 min ♥ ***Cuisson :*** environ 45 min

Pour 4 à 6 personnes

Pour la pâte à choux

- *60 g d'eau*
- *60 g de lait entier*
- *10 g de sucre en poudre*
- *50 g de beurre*
- *1 pincée de sel*
- *75 g de farine fluide*
- *2 œufs entiers + 1 jaune (pour dorer la pâte)*
- *20 g d'amandes effilées*

Pour le praliné

- *125 g d'amandes entières blanches*
- *125 g de noisettes décortiquées*
- *200 g de sucre cristallisé*
- *50 g d'eau*

Pour la crème au praliné

- *25 cl de lait*
- *70 g de sucre en poudre*
- *3 jaunes d'œufs*
- *30 g de Maïzena*
- *100 g de beurre*
- *le praliné préparé parallèlement*
- *sucre glace*

La couronne

1. Préchauffez le four, thermostat 7 (210 °C).
2. Dans une casserole, faites chauffer, sans faire bouillir, l'eau, le lait, le sucre, le beurre et le sel.
3. Hors du feu, ajoutez la farine ; mélangez rapidement pour éviter les grumeaux.
4. Remettez sur le feu et desséchez la pâte (comme pour un roux), jusqu'à obtenir une boule qui se détache de la casserole.
5. Mettez cette boule dans un saladier.
6. Incorporez un à un les œufs et mélangez bien à chaque fois.
7. Disposez une feuille de papier cuisson sur une plaque de cuisson.
8. À l'aide d'une poche à douille, formez une couronne de pâte.
9. Dorez-la avec le jaune d'œuf et parsemez d'amandes effilées.
10. Faites cuire 1 min, thermostat 7 (210 °C), puis thermostat 6 (180 °C), pendant 15 à 20 min.
11. 2 min avant la fin de la cuisson, entrouvrez la porte du four.
12. Faites refroidir la couronne sur une grille.

Le praliné

1. Préchauffez le four, thermostat 6/7 (200 °C).
2. Placez les amandes et les noisettes sur une plaque recouverte de papier cuisson.
3. Torréfiez-les 15 min en les mélangeant de temps en temps.
4. Dans une casserole, versez le sucre cristallisé et l'eau ; faites cuire à 130 °C.
5. Lorsque le sucre est à température, retirez la casserole du feu, ajoutez les amandes et les noisettes grillées en une fois.

GÂTEAUX DE FÊTE

6 Mélangez rapidement jusqu'à ce que le sucre blanchisse et recristallise.

7 Remettez la casserole à feu moyen et faites caraméliser la préparation.

8 Versez celle-ci sur une plaque légèrement huilée et laissez refroidir.

9 Mixez cette masse jusqu'à obtenir une poudre de pralin et continuez à mixer jusqu'à obtenir une pâte assez épaisse.

10 Réservez.

La crème au praliné

1 Faites chauffer le lait avec 10 g de sucre puis blanchissez les jaunes avec le reste du sucre.

2 Ajoutez la Maïzena et mélangez jusqu'à ce que la crème soit onctueuse.

3 Versez ⅓ du lait bouillant sur la préparation, remettez le tout dans une casserole puis posez celle-ci sur le feu et fouettez la crème pendant 2 min.

4 Une fois que le mélange a épaissi, laissez cuire encore environ 2 min sans cesser de tourner.

5 Ajoutez le praliné préparé précédemment et continuez à fouetter.

6 Incorporez ⅓ du beurre tout en continuant à fouetter.

7 Laissez refroidir et réservez.

8 Travaillez le reste du beurre en pommade et montez-le au fouet tout en y incorporant la crème pralinée bien froide, en plusieurs fois.

Le montage

1 Coupez la couronne refroidie en deux dans le sens de l'épaisseur.

2 Saupoudrez les deux cercles de sucre glace.

3 À l'aide d'une poche à douille, garnissez la base de crème puis couvrez avec l'autre moitié de couronne et parsemez de sucre glace.

ASTUCE PRATIQUE

« Pensez à entrouvrir la porte du four, sans l'éteindre, en fin de cuisson de la pâte à choux. C'est ainsi qu'ils resteront bien gonflés.» **Pierrette**

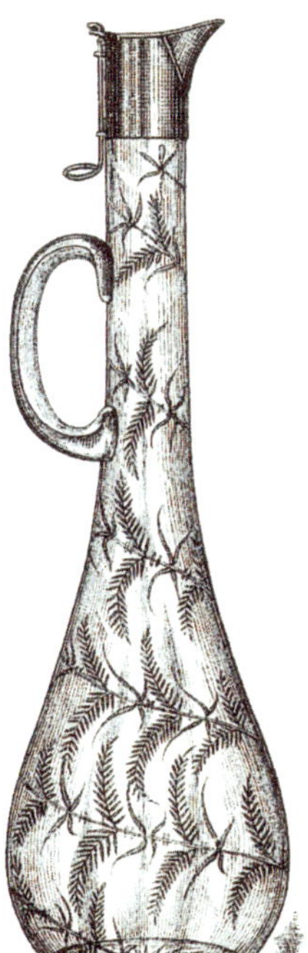

GÂTEAUX DE FÊTE

Choux à la crème Chantilly

Préparation : 25 min ♥ ***Cuisson :*** environ 15 min

Pour 4 personnes

Pour la pâte

- *4 œufs*
- *25 cl d'eau*
- *30 g de sucre en poudre*
- *60 g de beurre*
- *125 g de farine tamisée*
- *1 pincée de sel*

Pour la crème Chantilly

- *5 ou 6 c. à s. de crème fraîche épaisse*
- *10 cl de lait entier*
- *2 c. à s. de sucre vanillé*

Les choux

1. Préparez une pâte pour beignets soufflés (voir la recette p. 133). Elle doit être à peine coulante et bien se tenir.
2. Avec une cuillère à soupe, prélevez des boules de pâte de la taille d'une clémentine et posez-les sur la plaque du four beurrée.
3. Faites cuire 15 min thermostat 7 (210 °C) puis, lorsque les choux sont dorés, thermostat 6 (180 °C).
4. Sortez les choux du four et laissez-les refroidir.

La crème Chantilly

1. Pendant ce temps, fouettez énergiquement la crème et le lait jusqu'à ce que le mélange soit bien mousseux.
2. En fin de montée, incorporez délicatement le sucre vanillé.
3. Quand les choux ont refroidi, faites une fente de côté sur le dessus et introduisez la crème Chantilly en débordant un peu.

ASTUCE PRATIQUE

“ *Une crème Chantilly lisse et de bonne tenue se prépare avec de la crème et du lait très froids. Je les laisse au réfrigérateur au moins 1 heure avant de commencer. J'y mets même le fouet de mon batteur électrique depuis que je ne la monte plus à la main.*” ***Lisette***

GÂTEAUX DE FÊTE

Gateau aux trois chocolats

Préparation : 40 min (hors temps de repos des mousses) ❤ ***Cuisson :*** 10 à 12 min

Pour 6 personnes

Pour le biscuit

- *4 œufs*
- *100 g de sucre*
- *30 g de farine*

Pour les mousses

- *90 g de chocolat noir*
- *90 g de chocolat au lait*
- *90 g de chocolat blanc*
- *3 × 180 cl de crème liquide entière*

1 Cassez 2 œufs dans un cul-de-poule.

2 Cassez les 2 autres œufs en séparant les blancs des jaunes et réservez les blancs.

3 Ajoutez les jaunes aux 2 œufs entiers.

4 Battez les œufs au fouet avec 80 g de sucre.

5 Chauffez le tout au bain-marie en fouettant jusqu'à ce que le mélange devienne mousseux. Ajoutez la farine et mélangez.

6 Ajoutez les 20 g de sucre restant aux blancs d'œufs, montez-les en neige puis incorporez-les à la préparation.

7 Versez le tout sur une plaque souple.

8 Enfournez, thermostat 7 (210 °C), 10 à 12 min (attention : surveillez, ça va vite !).

9 Sortez la plaque du four et laissez refroidir la pâte.

10 Pendant ce temps, faites fondre séparément les trois chocolats au bain-marie.

11 Battez la crème au fouet (elle doit être assez ferme).

12 Incorporez la même quantité de crème fouettée dans chacun des chocolats encore chauds et battez énergiquement.

13 Posez un cercle en inox sur la pâte, appuyez et coupez le surplus.

14 Laissez le cercle de pâte en place et versez la mousse au chocolat noir.

15 Placez au congélateur le temps que la mousse durcisse.

16 Procédez de la même manière pour la mousse au chocolat au lait.

17 Puis pour la mousse au chocolat blanc (en les plaçant au frais à chaque fois).

18 Réservez au frais.

ASTUCE PRATIQUE

“ *Le chocolat blanc fond difficilement. Aujourd'hui, je m'en sors en ajoutant 1 petite cuillerée à café d'agar-agar.”* **Colette**

ASTUCE GOURMANDE

“ *Vous pouvez napper ce gâteau d'un glaçage au chocolat : 100 g de chocolat noir + 100 g de crème liquide à faire chauffer en remuant régulièrement.”* Colette

GÂTEAUX DE FÊTE

Marquise au chocolat

Préparation : 20 min (hors temps de réfrigération) + 15 min pour la crème anglaise

Pour 4 à 6 personnes

Pour la marquise

- *120 g de beurre*
- *20 g de chocolat noir*
- *80 g de sucre glace*
- *3 œufs*
- *1 pincée de sel*

Pour la crème anglaise

- *½ l de lait*
- *1 sachet de sucre vanillé*
- *4 jaunes d'œufs*
- *75 g de sucre semoule*

ASTUCE PRATIQUE

“ *La crème anglaise ne doit pas bouillir. Si vous la laissez un peu trop cuire, des grumeaux se formeront, mais vous pouvez encore la rattraper en la passant brièvement au robot ménager.”*
Mamou

La marquise

1. **La veille**, laissez ramollir le beurre à température ambiante.
2. Cassez le chocolat en petits morceaux et faites-le fondre au bain-marie sur feu doux.
3. Dans une jatte, travaillez le beurre ramolli à l'aide d'une cuillère en bois.
4. Ajoutez le sucre et mélangez.
5. Séparez les blancs des jaunes d'œufs, incorporez les jaunes au mélange beurre/sucre.
6. Ajoutez le chocolat fondu.
7. Montez les blancs d'œufs en neige avec la pincée de sel et incorporez-les à la préparation au chocolat.
8. Versez la préparation dans un moule à manqué ou à cake.
9. Placez au moins 12 h au réfrigérateur.

La crème anglaise

1. Faites bouillir le lait avec le sucre vanillé.
2. Dans une terrine, fouettez les jaunes d'œufs et le sucre jusqu'à ce que le mélange blanchisse et mousse.
3. Versez progressivement le lait bouillant sur le mélange jaunes/sucre sans cesser de fouetter.
4. Remettez le mélange dans la casserole et faites épaissir le tout, sur feu doux, en tournant sans cesse avec une spatule en bois.
5. Laissez refroidir et placez la crème au réfrigérateur.
6. Démoulez la marquise et accompagnez-la de crème anglaise.

GÂTEAUX DE FÊTE

Galette des Rois

Préparation : 15 min (hors temps de réfrigération) ♥ ***Cuisson :*** environ 35 min

Pour 6 personnes

- *120 g de poudre d'amandes*
- *90 g de sucre en poudre*
- *1 sachet de sucre vanillé*
- *90 g de beurre*
- *1 œuf + 1 jaune d'œuf (pour dorer la pâte)*
- *400 g de pâte feuilletée (ou 2 rouleaux)*
- *1 fève*

ASTUCE GOURMANDE

" Plus la poudre d'amandes sera fine, meilleure sera la galette. N'hésitez pas à la broyer au robot ménager. " *Mamie Anna*

1 Préparez la crème d'amandes :
- mélangez la poudre d'amandes et les sucres ;
- faites fondre le beurre et incorporez-le au mélange ;
- ajoutez l'œuf et mélangez à nouveau.

2 Abaissez la pâte et découpez deux disques d'environ 25 cm de diamètre.

3 Posez le premier disque de pâte sur la plaque du four recouverte de papier cuisson.

4 Badigeonnez le tour du disque (uniquement le tour) avec le jaune d'œuf délayé dans un peu d'eau.

5 Étalez la crème d'amandes sur la pâte sans trop vous approcher des bords.

6 Posez la fève et recouvrez la garniture du second disque de pâte.

7 Dorez la surface de la galette avec le reste de jaune d'œuf.

8 Dessinez des motifs sur la pâte avec la pointe d'un couteau.

9 Placez la galette au moins 30 min au réfrigérateur.

10 Préchauffez votre four, thermostat 7 (200 °C).

11 Faites cuire la galette 25 min, puis baissez le thermostat à 6 (180 °C) et poursuivez la cuisson à peine 10 min.

GÂTEAUX DE FÊTE

Paskha (gâteau de Pâques)

Préparation : 20 min (la veille)

Pour 6 personnes

- *10 œufs*
- *125 g de sucre en poudre*
- *2 sachets de sucre vanillé*
- *15 g de beurre*
- *1 kg de fromage blanc*
- *100 à 125 g de fruits confits*

1 **La veille**, faites durcir les œufs.

2 Pendant ce temps, versez les sucres dans un saladier et ajoutez le beurre coupé en morceaux.

3 Rafraîchissez les œufs durs, écalez-les. Conservez les jaunes seulement.

4 À l'aide d'une fourchette, écrasez les jaunes chauds, les uns après les autres, sur le beurre.

5 Lorsque le mélange est bien lisse, versez dessus le fromage blanc et les fruits confits (pensez à en conserver quelques-uns pour la décoration).

6 Mélangez en tournant toujours dans le même sens, jusqu'à ce que la préparation commence à scintiller.

7 Versez dans une mousseline appliquée sur une passoire.

8 Posez un poids dessus et laissez égoutter 24 h.

9 **Le jour même**, démoulez et décorez avec quelques fruits confits.

10 Remettez au frais avant de servir.

GÂTEAUX DE FÊTE

Bûche de Noël

Préparation : environ 30 min (la veille)

Pour 8 à 10 personnes

- *200 g de beurre extrafin*
- *750 g de crème de marrons vanillée*
- *150 g de meringues (voir la recette p. 150)*
- *2 c. à s. de kirsch*

Pour le glaçage

- *100 g de chocolat noir*
- *2 c. à s. de crème fraîche*

Pour le décor

- *quelques petits champignons en meringue*

1 Placez le beurre en morceaux dans une terrine, et réduisez-le en crème à l'aide d'un batteur électrique.

2 Mélangez le beurre en crème et la crème de marrons en les fouettant vigoureusement.

3 Chemisez un moule à cake de papier cuisson.

4 Garnissez le fond du moule d'une couche de crème de marrons.

5 Recouvrez de meringues coupées en petits morceaux.

6 Aspergez avec le kirsch.

7 Recommencez et remplissez le moule en alternant les couches de crème et de meringues en terminant par une couche de crème de marrons.

8 Tassez et mettez au réfrigérateur 10 à 15 min afin que le gâteau durcisse.

9 Pendant ce temps, préparez le glaçage :

- faites fondre les carrés de chocolat au bain-marie ;
- ajoutez la crème fraîche et mélangez énergiquement jusqu'à obtenir une pâte onctueuse, lisse et brillante.

10 Montez la bûche :

- coupez les extrémités en biseaux ;
- avec les chutes des crèmes, façonnez les nœuds du bois ;
- placez le gâteau sur un plat de service long et étalez le glaçage avec une spatule métallique ou un couteau à large lame ;
- avec les dents d'une fourchette, dessinez les stries du bois ;
- remettez au réfrigérateur jusqu'au lendemain.

11 Avant de servir, décorez avec les petits champignons en meringue.

Les tartes

Deux œufs frais trônaient sur la table de la cuisine. À côté, une boîte de sucre et un paquet de farine semblaient abandonnés. Hélas, Mère-Grand approchait avec un panier de pommes qu'elle se mit à peler. De toute évidence, elle mijotait l'une de ses tartes dont le Petit Chaperon raffolait.

Le loup ne put retenir un glapissement d'envie.
« Encore toi ! gronda Mère-Grand. Pourquoi viens-tu traîner par ici ?
– C'est pour mieux faire votre connaissance, grand-mère.
– Baliverne ! Je vois la bave te monter aux babines.
– C'est que je n'ai rien mangé depuis huit jours. Pourrais-je avoir un morceau de sucre, un vieux croûton de pain, un bout de brioche ?
– Je vais voir, n'approche pas. »

Mère-Grand déposa trois biscottes rassises dans une gamelle qu'elle poussa avec le manche de son balai aussi loin que possible. « Maigre pitance, mais première victoire », se dit le loup.

Suite page 83

PARFUMS D'HIVER

Tarte tatin

Préparation : environ 30 min (hors temps de repos de la pâte) ♥ ***Cuisson :*** 1 h

Pour 6 personnes

Pour la pâte brisée

- *150 g de beurre*
- *190 g de farine*
- *90 g de fécule de pomme de terre*
- *8 cl d'eau*
- *10 g de sel*

Pour la garniture

- *5 c. à s. de sucre semoule*
- *80 g de beurre demi-sel*
- *12 pommes granny smith*
- *6 c. à s. de cassonade*

ASTUCE GOURMANDE

*“ Dans la préparation de la pâte brisée, on peut ajouter 1 cuillerée à café de miel, avec l'eau et le sel.” **Pierrette***

1 Préparez une pâte brisée :

- mélangez le beurre ramolli avec la farine, la fécule, l'eau et le sel ;
- travaillez la pâte délicatement pour obtenir une boule homogène ;
- réservez au réfrigérateur 30 min.

2 Étalez la pâte sur 2 mm d'épaisseur avec un rouleau à pâtisserie.

3 Découpez un disque de pâte plus grand de 3 cm que le diamètre de votre moule à manqué. Piquez-le avec une fourchette.

4 Laissez reposer à nouveau la pâte au frais au moins 30 min.

5 Dans une casserole, versez le sucre. Faites caraméliser sur feu doux jusqu'à obtenir une belle couleur ambrée.

6 Ajoutez la moitié du beurre demi-sel, remuez et versez dans le moule.

7 Préchauffez le four, thermostat 6 (180 °C).

8 Épluchez les pommes, ôtez-en le cœur et coupez-les en quatre.

9 Rangez les quartiers de pommes dans le moule en les serrant les uns contre les autres.

10 Saupoudrez-les de cassonade et parsemez de noisettes de beurre demi-sel.

11 Enfournez pour 45 min.

12 Sortez le moule et laissez tiédir.

13 Placez le disque de pâte sur les pommes en rentrant les bords à l'intérieur du moule.

14 Enfournez à nouveau 15 min.

15 Démoulez la tarte en la retournant sur un plat de service.

16 Servez tiède.

PARFUMS D'HIVER

Tarte normande aux pommes

Préparation : 30 min (hors temps de repos de la pâte) ♥ ***Cuisson :*** environ 40 min

Pour 6 personnes

Pour la pâte sablée

- *200 g de farine*
- *125 g de beurre ramolli*
- *75 g de sucre semoule*
- *1 œuf entier*
- *1 tasse à café d'eau*
- *1 pincée de sel*

Pour la garniture

- *3 pommes*
- *4 œufs*
- *250 g de crème fraîche épaisse*
- *100 g de sucre semoule*
- *1 verre à liqueur de calvados*
- *1 pincée de cannelle en poudre*

- *15 g de beurre et 1 c. à s. de farine pour le moule*
- *sucre glace*

1 Préparez la pâte sablée :

- sur un plan de travail, versez la farine avec la pincée de sel ;
- faites une fontaine et placez le beurre ramolli au centre, puis le sucre ;
- mélangez sucre et beurre du bout des doigts en évitant de prendre la farine ;
- ajoutez l'œuf ;
- commencez à incorporer la farine jusqu'à obtenir un mélange sableux ;
- travaillez la pâte en la poussant et en l'écrasant avec la paume de la main – elle doit être souple ;
- serrez l'ensemble entre vos mains – s'il ne tient pas, ajoutez un peu d'eau ;
- formez une boule de pâte et laissez-la reposer au moins 30 min au frais.

2 Préchauffez le four, thermostat 5/6 (160 °C).

3 Beurrez et farinez un grand moule à tarte, puis garnissez-le de la pâte sablée.

4 Réservez au réfrigérateur.

5 Épluchez les pommes et coupez-les en morceaux.

6 Dans un saladier, mélangez les œufs, la crème, le sucre, le calvados et la cannelle.

7 Répartissez les pommes sur le fond de pâte et versez la préparation à base d'œufs.

8 Enfournez pendant 40 minutes environ, jusqu'à ce que la crème soit figée.

9 Laissez refroidir complètement avant de servir.

10 Saupoudrez généreusement de sucre glace.

ASTUCE PRATIQUE

« Les pommes, bien rangées dans des clayettes en bois, les unes à côté des autres sans se chevaucher et la queue vers le haut, se conservent plusieurs mois. » **Mamie Anna**

PARFUMS D'HIVER

Tarte amandine aux poires

Préparation : 55 min (hors temps de repos de la pâte) ♥ ***Cuisson :*** environ 45 min

Pour 6 personnes

- *3 ou 4 poires*

Pour la pâte sablée

- *200 g de farine*
- *125 g de beurre ramolli*
- *75 g de sucre semoule*
- *1 œuf entier*
- *1 tasse à café d'eau*
- *1 pincée de sel*

Pour la crème d'amandes

- *50 g de sucre glace*
- *70 g de poudre d'amandes*
- *1 c. à c. de Maïzena*
- *1 œuf*
- *50 g de beurre fondu*
- *3 cl de crème liquide*
- *1 c. à c. d'extrait de vanille*

La pâte sablée

1. Sur un plan de travail, versez la farine avec la pincée de sel.
2. Faites une fontaine et placez le beurre ramolli au centre, puis le sucre. Mélangez du bout des doigts en évitant de prendre la farine. Ajoutez l'œuf.
3. Commencez à incorporer la farine jusqu'à obtenir un mélange sableux.
4. Travaillez la pâte en la poussant et en l'écrasant avec la paume de la main. Elle doit être souple.
5. Serrez l'ensemble entre vos mains : si la pâte s'effrite, ajoutez un peu d'eau.
6. Formez une boule de pâte et laissez-la reposer au moins 30 min au frais.

La crème d'amandes

1. Tamisez le sucre glace avec la poudre d'amandes et la Maïzena.
2. Incorporez l'œuf, le beurre fondu et la crème liquide.
3. Versez l'extrait de vanille et mélangez. Réservez.

La tarte

1. Préchauffez le four, thermostat 5 (150 °C).
2. Chemisez un moule à tarte de la pâte sablée.
3. Faites précuire le fond de pâte au four pendant 15 min.
4. Pendant ce temps, pelez les poires, évidez-les et coupez-les en lamelles.
5. Garnissez le fond de tarte précuit de crème d'amandes et disposez les lamelles de poires en cercle.
6. Remettez l'ensemble au four pendant environ 30 min.
7. Dégustez tiède ou froid.

ASTUCE PRATIQUE

« Lorsqu'on prépare une tarte avec des fruits juteux, ils risquent de dégorger et de détremper la pâte. Pour éviter cela, je saupoudre le fond de tarte de sucre ou d'un peu de farine avant d'installer les fruits."
Mamie Maria

PARFUMS D'HIVER

Tarte Linz

Préparation : environ 20 min (hors temps de repos de la pâte) ♥ ***Cuisson :*** environ 20 min

Pour 4 personnes

- *70 g de poudre d'amandes ou de noisettes*
- *60 g de beurre ramolli*
- *75 g de sucre en poudre*
- *1 pincée de sel*
- *1 c. à c. de cannelle*
- *1 citron râpé*
- *150 g de farine*
- *1 œuf*
- *1 pot de confiture de framboises*

1 Préparez la pâte :

- mélangez la poudre d'amandes ou de noisettes et le beurre ramolli ;
- ajoutez le sucre et la pincée de sel, puis la cannelle et la peau du citron râpé, et, enfin, la farine et l'œuf ;
- travaillez la pâte et laissez-la reposer au moins 2 h.

2 Étalez la pâte, découpez-la en formant un cercle et conservez les chutes pour les croisillons.

3 Beurrez un moule à tarte et chemisez-le.

4 Étalez la confiture de framboises.

5 Posez dessus des croisillons de pâte.

6 Faites cuire au four, thermostat 7 (200 °C), pendant environ 20 min.

ASTUCES GOURMANDES

“Il est important que la pâte cuise vite pour éviter qu'elle se dessèche.

Si vous triplez les proportions, ne mettez que 2 œufs et pas plus de 400 g de farine. Mieux vaut qu'il y ait davantage de noisettes que de farine.” ***Micheline***

PARFUMS D'HIVER

Tarte aux noix

Préparation : 45 min (hors temps de repos de la pâte) ♥ ***Cuisson :*** environ 1 h

Pour 4 personnes

Pour la pâte

- *130 g de farine tamisée*
- *10 g de sucre semoule*
- *1 pincée de sel*
- *60 g de beurre*
- *1 jaune d'œuf*

Pour la garniture

- *150 g de cerneaux de noix*
- *75 g de sucre roux*
- *1 œuf*
- *50 cl de crème fraîche*
- *1 verre à liqueur de café très fort*
- *25 g de beurre*
- *sucre glace*

1 Préparez la pâte :
- disposez la farine en fontaine ;
- ajoutez le sucre, le sel, le beurre en petits morceaux et le jaune d'œuf ;
- mélangez le tout, formez une boule et laissez le pâton reposer 1 h au frais.

2 Préchauffez le four, thermostat 7 (210 °C).

3 Abaissez la pâte au rouleau.

4 Garnissez-en un moule à tarte préalablement beurré.

5 Piqué le fond de tarte, versez des lentilles dessus pour éviter que la pâte ne cloque.

6 Faites cuire la pâte à blanc durant 15 min.

7 Hachez les trois quarts des cerneaux de noix.

8 Dans un bol, mélangez le sucre roux, l'œuf et la crème fraîche.

9 Incorporez le café, le beurre fondu, 2 c. à s. de sucre glace et les noix hachées.

10 Mélangez puis versez cette préparation sur le fond de tarte.

11 Remettez au four en ramenant sa température au thermostat 6 (180 °C).

12 Faites cuire 40 à 45 min.

13 Laissez refroidir, saupoudrez de sucre glace et décorez avec les cerneaux de noix restants.

ASTUCE GOURMANDE

“ *Pour rendre la tarte plus brillante et plus appétissante, vous pouvez tremper les derniers cerneaux de noix dans un sirop de miel ou du caramel.”*
Victorine

PARFUMS D'HIVER

Tarte aux pralines

Préparation : 25 min (hors temps de repos de la pâte) ♥ ***Cuisson :*** environ 30 min

Pour 6 personnes

Pour la pâte sablée

- *200 g de farine*
- *1 pincée de sel*
- *125 g de beurre ramolli*
- *75 g de sucre semoule*
- *1 œuf*
- *1 tasse à café d'eau*

Pour la garniture

- *300 g de pralines concassées + quelques-unes pour la décoration*
- *20 cl de crème fraîche*

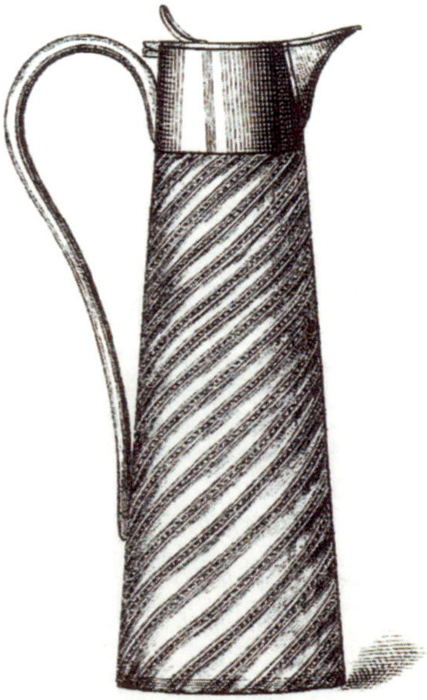

1 Préparez une pâte sablée :

- versez la farine et la pincée de sel sur un plan de travail ;
- formez une fontaine et placez au centre le beurre ramolli et coupé en petits morceaux ;
- versez le sucre et mélangez du bout des doigts en évitant de prendre la farine ;
- ajoutez l'œuf ;
- incorporez progressivement la farine ;
- travaillez l'amalgame sans insister et ajoutez de l'eau si besoin : la pâte doit être souple mais pas collante ;
- rassemblez-la en boule et placez-la au frais au moins 30 min.

2 Foncez un moule à tarte avec la pâte sablée et piquez le fond avec une fourchette.

3 Faites cuire la pâte à blanc 10 min au four, thermostat 6 (180 °C).

4 Pendant ce temps, faites fondre les pralines concassées dans la crème.

5 Mélangez et laissez bouillonner à petit feu environ 10 min.

6 Versez le mélange sur la pâte et remettez le tout au four 10 min.

7 Laissez refroidir la tarte à température ambiante avant de la placer au réfrigérateur pour qu'elle durcisse.

8 Sortez la tarte du réfrigérateur 30 min avant de servir et décorez avec quelques pralines concassées.

PARFUMS D'HIVER

Tarte au sucre

Préparation : 25 min (hors temps de repos de la pâte) ♥ ***Cuisson :*** environ 30 min

Pour 6 personnes

Pour la pâte

- *90 g de beurre*
- *5 g de levure de boulanger*
- *2 à 3 c. à s. de lait*
- *250 g de farine*
- *15 g de sucre en poudre*
- *1 pincée de sel*
- *3 jaunes d'œufs*

Pour la garniture

- *125 g de cassonade*
- *1 œuf*
- *2 bonnes c. à s. de crème fraîche liquide*

1 Préparez la pâte :

- faites ramollir le beurre coupé en petits morceaux ;
- délayez la levure dans le lait tiède ;
- dans une terrine, versez la farine, ajoutez le sucre et le sel, puis mélangez le tout ;
- creusez un puits, ajoutez les jaunes d'œufs puis, progressivement, la levure diluée dans le lait ;
- lorsque la pâte commence à se détacher de la terrine, incorporez le beurre et pétrissez jusqu'à ce que l'amalgame devienne homogène ;
- recouvrez la pâte d'un linge et laissez-la reposer environ 1 h à température ambiante.

2 Étalez la pâte au rouleau à pâtisserie et découpez un disque assez épais, un peu plus grand que le diamètre de votre moule à tarte.

3 Posez la pâte dans le moule en relevant les bords.

4 Saupoudrez de cassonade et laissez reposer 15 min.

5 Pendant ce temps, préchauffez le four, thermostat 6 (180 °C).

6 Battez l'œuf à la fourchette et ajoutez la crème.

7 Répartissez ce mélange sur la cassonade.

8 Faites cuire environ 30 min.

9 Servez la tarte tiède.

ASTUCE PRATIQUE

“ Délayez la levure de boulanger dans du lait ou de l'eau tiède (surtout pas dans un liquide chaud), après l'avoir sortie du réfrigérateur plusieurs heures avant de l'utiliser.” **Micheline**

SAVEURS ESTIVALES

Tarte aux fraises

Préparation : 50 min (hors temps de repos de la pâte) ♥ ***Cuisson :*** 25 min

Pour 6 personnes

- *1 livre de fraises*

Pour la pâte sablée

- *200 g de farine*
- *100 g de beurre*
- *1 œuf*
- *80 g de sucre en poudre*
- *1 pincée de sel*

Pour la crème pâtissière

- *35 cl de lait*
- *4 jaunes d'œufs*
- *75 g de sucre*
- *30 g de farine*

La pâte

1 Versez la farine dans une jatte, ajoutez le sel et le beurre coupé en petits morceaux.

2 Effritez du bout des doigts.

3 Dans un autre récipient, fouettez l'œuf et le sucre jusqu'à ce que le mélange blanchisse.

4 Mélangez les deux préparations, pétrissez et faites une boule.

5 Laissez-la reposer 30 min au réfrigérateur.

La crème pâtissière

1 Faites bouillir le lait.

2 Dans un saladier, battez les jaunes d'œufs avec le sucre.

3 Incorporez la farine, puis le lait bouillant sans cesser de fouetter.

4 Transvasez la préparation dans la casserole et amenez à ébullition, puis laissez frémir 3 min à feu doux toujours en remuant.

5 Versez dans un bol, couvrez et réservez au réfrigérateur.

La tarte

1 Préchauffez le four, thermostat 6 (180 °C).

2 Abaissez la pâte et installez-la dans un moule à tarte.

3 Réservez 20 min au frais.

4 Faites cuire la pâte à blanc 25 min.

5 Laissez refroidir et démoulez.

6 Versez la crème pâtissière froide sur la pâte.

7 Disposez les fraises lavées et équeutées par-dessus.

8 Servez immédiatement.

ASTUCE PRATIQUE

“ Lorsque l'on est pressé, on peut renoncer à la crème pâtissière et napper cette tarte d'un coulis de groseilles. Pour cela, il suffit d'éclaircir 3 cuillerées à soupe de gelée de groseilles avec un peu d'eau et de laisser mijoter le tout dans une casserole le temps d'obtenir un beau jus.”
Victorine

SAVEURS ESTIVALES

Tarte aux framboises à la Caroline

Préparation : 30 min (hors temps de repos de la pâte) ♥ ***Cuisson :*** environ 25 min

Pour 4 personnes

Pour la pâte brisée

- *250 g de farine*
- *1 œuf*
- *125 g de beurre*
- *1 pincée de sel*

Pour la garniture

- *60 g de beurre ramolli*
- *75 g de sucre en poudre*
- *75 g de poudre d'amandes*
- *2 œufs*
- *quelques gouttes de citron*
- *200 g de framboises*

1 Préparez une pâte brisée :

- faites une fontaine dans la farine, ajoutez le sel ;
- cassez l'œuf au centre et ajoutez le beurre ;
- pétrissez le tout rapidement, sans travailler trop longtemps la pâte qui doit rester élastique ;
- ajoutez au besoin un peu d'eau ;
- rassemblez la pâte en boule et laissez-la reposer au moins 2 h au réfrigérateur.

2 Foncez un moule à tarte avec la pâte brisée et piquez le fond à la fourchette.

3 Mettez à cuire 10 min au four, thermostat 5 (150 °C).

4 Pendant ce temps, préparez la crème d'amandes :

- travaillez ensemble le beurre ramolli et le sucre pour obtenir un mélange mousseux ;
- ajoutez la poudre d'amandes et travaillez cette préparation ;
- ajoutez enfin les jaunes d'œufs (réservez les blancs).

5 Retirez le fond de tarte du four, versez la préparation et remettez à cuire 10 min.

6 Retirez à nouveau du four et laissez refroidir avant de déposer les framboises.

7 Montez les blancs en neige (versez les gouttes de citron dans votre récipient).

8 Recouvrez-en les framboises.

9 Saupoudrez de sucre et mettez à dorer au four sous le gril pendant quelques minutes encore.

SAVEURS ESTIVALES

Tarte aux mirabelles

Préparation : 20 min (hors temps de repos de la pâte) ♥ ***Cuisson :*** environ 35 min

Pour 8 personnes

Pour la pâte brisée

- *250 g de farine*
- *1 œuf*
- *125 g de beurre*
- *1 pincée de sel*

Pour la garniture

- *750 g de mirabelles*
- *1 œuf*
- *50 g de sucre en poudre*
- *1 sachet de sucre vanillé*
- *35 cl de crème liquide*
- *1 c. à s. de kirsch (facultatif)*

1 Préparez une pâte brisée :

- faites une fontaine dans la farine, ajoutez le sel ;
- cassez l'œuf au centre et ajoutez le beurre ;
- pétrissez le tout rapidement, sans travailler trop longtemps la pâte qui doit rester élastique ;
- ajoutez au besoin un peu d'eau ;
- rassemblez la pâte en boule et laissez-la reposer au moins 2 h au réfrigérateur.

2 Étalez la pâte au rouleau sur une planche farinée.

3 Garnissez-en un moule à tarte beurré et découpez les débords.

4 Lavez et dénoyautez les mirabelles.

5 Rangez-les, entières ou coupées en deux, sur le fond de tarte.

6 Fouettez l'œuf entier avec les sucres et la crème. Ajoutez éventuellement le kirsch.

7 Versez ce mélange sur les fruits.

8 Faites cuire à thermostat 6 (180 °C) environ 35 min.

9 Servez tiède ou froid.

ASTUCE DIÉTÉTIQUE

“Pour une pâte brisée plus légère, je remplace le beurre par 1 pot de yaourt et j'ajoute 1 jaune d'œuf.” **Lisette**

ASTUCES PRATIQUES

“Pour savoir si les mirabelles sont mûres, il suffit de les couper en deux : le noyau doit se détacher facilement.

Bien emballée, une pâte brisée peut se conserver 1 semaine au réfrigérateur.” **Victorine**

Tarte aux figues

Préparation : 1 h (hors temps de repos de la pâte) ♥ ***Cuisson :*** 35 min

Pour 6 personnes

Pour la pâte sablée

- *200 g de farine*
- *125 g de beurre ramolli*
- *75 g de sucre semoule*
- *1 œuf entier*
- *1 tasse à café d'eau*
- *1 pincée de sel*

Pour la garniture

- *1 bonne livre de figues fraîches*
- *3 c. à s. de sucre roux*

1 Préparez une pâte sablée :

- sur un plan de travail, versez la farine avec la pincée de sel ;
- faites un puits et placez le beurre ramolli au centre, puis le sucre ;
- mélangez sucre et beurre du bout des doigts en évitant de prendre la farine ;
- ajoutez l'œuf ;
- commencez à incorporer la farine jusqu'à obtenir un mélange sableux ;
- travaillez la pâte en la poussant et en l'écrasant avec la paume de la main – elle doit être souple ;
- serrez l'ensemble entre vos mains – s'il ne tient pas, ajoutez un peu d'eau ;
- formez une boule de pâte et laissez-la reposer au moins 30 min au frais.

2 Étalez la pâte sablée au rouleau puis tapissez-en un moule à tarte préalablement beurré.

3 Faites cuire la pâte à blanc au four, thermostat 6 (180 °C), durant environ 15 min.

4 Lavez les figues, séchez-les et coupez-les en quatre.

5 Versez dessus le sucre roux.

6 Mélangez et laissez au frais environ 15 min.

7 Versez le mélange sur la pâte précuite en disposant les figues sur le dos (graines apparentes).

8 Enfournez, thermostat 6 (180 °C), environ 20 min.

9 Laissez refroidir et dégustez la tarte froide.

SAVEURS ESTIVALES

Tatin à la rhubarbe

Préparation : 30 min (hors temps de dégorgement de la rhubarbe) ♥ **Cuisson :** environ 30 min

Pour 6 personnes

Pour la pâte

- *180 g de farine*
- *170 g de sucre en poudre*
- *80 g de beurre ramolli*
- *2 gros œufs (ou 3 petits)*
- *1 sachet de levure chimique*

Pour la garniture

- *500 à 600 g de rhubarbe*
- *2 c. à s. de sucre*
- *1 sachet de sucre vanillé*
- *3 c. à s. de gelée de groseilles (pour la décoration)*
- *1 poignée de pralines concassées (pour la décoration)*

1 Épluchez la rhubarbe et taillez-la en tronçons d'environ 2 cm.

2 Saupoudrez de 2 c. à s. de sucre et de sucre vanillé, mélangez.

3 Faites égoutter la rhubarbe dans une passoire et récupérez le jus. Réservez.

4 Pendant ce temps, préchauffez le four, thermostat 6/7 (200 °C), et préparez la pâte : mélangez la farine, le sucre, la levure, le beurre ramolli et les œufs. Travaillez jusqu'à obtenir un mélange mousseux.

5 Beurrez et farinez un moule à manqué.

6 Disposez la rhubarbe dans le moule et recouvrez le tout de pâte.

7 Mettez au four pour environ 30 min en surveillant la cuisson (la tarte va gonfler).

8 Laissez refroidir avant de démouler.

9 Au moment de servir, arrosez avec le jus de rhubarbe puis décorez en ajoutant la gelée de groseilles et les pralines concassées.

ASTUCE PRATIQUE

“Je découpe du papier cuisson que je pose au fond du moule et je le beurre : ainsi, ma tarte se démoule très facilement.” ***Annie***

ASTUCE GOURMANDE

“J'ai d'abord essayé de faire cette tarte avec une pâte brisée. Résultat : elle était toute molle, trop imbibée du jus de la rhubarbe. J'ai donc improvisé cette pâte à biscuit qui convient beaucoup mieux.” Annie

SAVEURS ESTIVALES

Tarte au citron

Préparation : 35 min (hors temps de repos de la pâte) ❤ ***Cuisson :*** environ 30 min

Pour 6 personnes

Pour la pâte sablée

- *200 g de farine*
- *1 pincée de sel*
- *125 g de beurre ramolli*
- *75 g de sucre semoule*
- *1 œuf*
- *1 tasse à café d'eau*

Pour la garniture

- *2 œufs à température ambiante*
- *240 g de sucre en poudre*
- *100 g de beurre ramolli*
- *2 citrons*

1 Préparez une pâte sablée :

- versez la farine et la pincée de sel sur un plan de travail ;
- formez une fontaine et placez au centre le beurre ramolli et coupé en petits morceaux ;
- versez le sucre et mélangez du bout des doigts en évitant de prendre la farine ;
- ajoutez l'œuf ;
- incorporez progressivement la farine ;
- travaillez l'amalgame sans insister et ajoutez de l'eau au besoin : la pâte doit être souple mais pas collante ;
- rassemblez-la en boule et placez-la au frais au moins 30 min.

2 Foncez un moule à tarte avec la pâte sablée et piquez le fond avec une fourchette.

3 Faites cuire la pâte à blanc 10 min au four, thermostat 6 (180 °C).

4 Pendant ce temps, battez les œufs et le sucre.

5 Ajoutez le beurre ramolli et travaillez l'ensemble pour obtenir une pommade.

6 Râpez la peau de 1 citron afin d'en récupérer le zeste.

7 Pressez les 2 citrons.

8 Incorporez le jus des citrons et le zeste.

9 Versez le mélange sur la pâte et faites cuire 20 min jusqu'à ce que la tarte soit dorée.

10 Sortez du four et laissez refroidir à température ambiante avant de servir.

Les entremets

Fidèle à ses nouvelles habitudes, le loup épiait Mère-Grand par la fenêtre. Cette fois, le spectacle était insoutenable : la grand-mère et sa petite-fille se régalaient avec un riz au lait, fondant, vanillé, légèrement caramélisé. Il se serait damné pour y goûter. Il se contenta de cueillir quelques brins d'églantine et de toquer à la porte, caché derrière son bouquet.

« Comme tu es têtu ! lui dit Mère-Grand, moins farouche qu'à l'accoutumée.
– C'est que vous méritez tous les égards, Madame. Vous semblez si douce, si attentionnée… »

Troublée, flattée, Mère-Grand lui tendit une écuelle de riz au lait que le loup s'empressa d'attraper avant de la déguster à l'ombre du noyer.
Son dessert englouti, il repartit vers sa tanière, guilleret, sifflotant aux quatre vents.

Suite page 123

ENTREMETS ONCTUEUX

Île flottante

Préparation : 20 min (hors temps de réfrigération) ♥ ***Cuisson :*** environ 5 min

Pour 4 personnes

- *4 blancs d'œufs*
- *1 pincée de sel*
- *2 × 100 g de sucre semoule*
- *1 gousse de vanille*
- *50 cl de lait*
- *3 jaunes d'œufs*

ASTUCES PRATIQUES

“ Il faut utiliser du sucre glace, le verser sur les blancs déjà montés en neige et continuer à battre un peu : les blancs sont plus fermes et brillants.

Cette crème, en chauffant, a vite fait de tourner. Pour éviter cela, j'ajoute 1 cuillerée à café de Maïzena dans le mélange œufs/sucre.” ***Tata Élise***

Les blancs en neige

1 Montez les blancs d'œufs en neige ferme en ajoutant le sel.

2 Ajoutez 100 g de sucre semoule et continuez à battre.

3 Fendez la gousse de vanille en deux, dans le sens de la longueur, grattez l'intérieur pour en extraire les graines.

4 Ajoutez gousse et graines au lait.

5 Faites bouillir le lait puis baissez le feu pour le maintenir chaud.

6 Faites glisser les blancs en neige par cuillerées dans le lait et pochez-les environ 2 min de chaque côté.

7 Retirez-les avec une écumoire et mettez-les à égoutter sur un linge ou un plat revêtu de papier absorbant.

La crème anglaise

1 Dans un saladier, fouettez les jaunes d'œufs.

2 Incorporez 100 g de sucre semoule en continuant à fouetter.

3 Portez le lait précédemment chauffé à ébullition et versez-le sur le mélange œufs/sucre.

4 Transvasez le tout dans une casserole et faites chauffer à feu doux jusqu'à ce que la crème épaississe et nappe la cuillère en bois.

5 Réservez au réfrigérateur au moins 2 h.

Le dressage

1 Versez la crème anglaise dans un plat et garnissez-la des blancs en neige.

2 Préparez un caramel en mélangeant sucre et eau dans une casserole sur feu doux (voir la recette p. 94).

3 Versez aussitôt le caramel sur les blancs et servez.

ENTREMETS ONCTUEUX

Œufs au lait

Préparation : 10 min (hors temps de réfrigération) ♥ *Cuisson :* environ 40 min

Pour 4 à 6 personnes

- *1 gousse de vanille*
- *50 cl de lait entier*
- *3 œufs*
- *100 g de sucre semoule*
- *1 sachet de sucre vanillé*

1 Préchauffez le four, thermostat 6/7 (190 °C).

2 Fendez la gousse de vanille en deux, dans le sens de la longueur, et prélevez les graines avec la pointe d'un couteau.

3 Faites bouillir le lait avec la gousse de vanille et les graines.

4 Laissez infuser.

5 Dans un bol, cassez les œufs, versez les sucres et fouettez.

6 Lorsque le lait est tiède, versez-le progressivement (sans la gousse) sur le mélange en remuant.

7 Remplissez des petits pots aux trois quarts avec ce mélange.

8 Disposez-les dans un plat à large bord.

9 Versez de l'eau bouillante dans ce plat jusqu'à mi-hauteur et laissez cuire au bain-marie au four pendant environ 40 min.

10 Sortez les pots, laissez-les refroidir et placez-les au frais pendant quelques heures.

ASTUCE GOURMANDE

“ *J'ajoute 1 pincée de sel à la préparation pour renforcer le parfum de la vanille.”*
Lisette

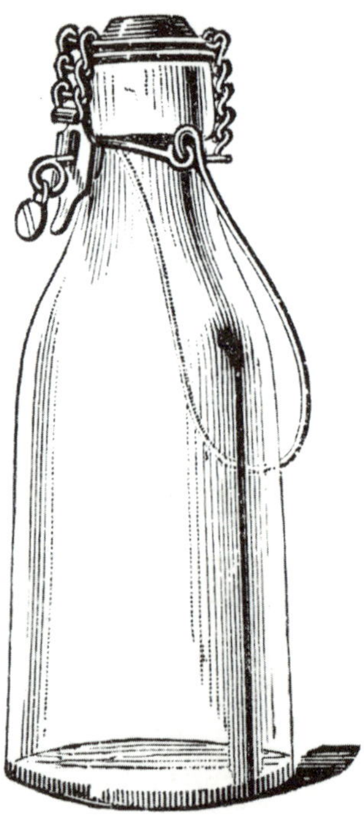

ENTREMETS ONCTUEUX

Riz au lait au four

Préparation : 15 min ♥ ***Cuisson :*** environ 1 h 15

Pour 6 personnes

- *100 g de riz rond*
- *1 l de lait entier*
- *1 gousse de vanille*
- *150 g de sucre en poudre*

ASTUCE GOURMANDE

« *J'utilise du lait de ferme, frais et entier. Le résultat est bien plus crémeux qu'avec un lait pasteurisé, demi-écrémé.*"
Marie-Jeanne

ASTUCE PRATIQUE

« *Vous pouvez faire cuire le riz au lait dans des ramequins individuels en veillant alors à diminuer le temps de cuisson.*"

1 Plongez le riz dans une grande quantité d'eau bouillante pendant 3 min.

2 Faites bouillir le lait avec la gousse de vanille fendue dans le sens de la longueur et raclée de manière à en extraire les graines.

3 Égouttez le riz et jetez-le en pluie dans le lait bouillant parfumé.

4 Laissez cuire à petit feu et à couvert pendant une trentaine de minutes.

5 Retirez du feu et sucrez en mélangeant délicatement à la fourchette.

6 Versez dans un plat et mettez au four tiède, thermostat 5 (150 °C), pendant environ ¾ d'heure en surveillant la coloration.

ENTREMETS ONCTUEUX

Riz au lait à la casserole

Préparation : 5 min (hors temps de repos) ♥ ***Cuisson :*** environ 50 min

Pour 4 personnes

- *100 g de riz rond*
- *75 cl de lait entier*
- *3 c. à s. de crème fraîche*
- *120 g de sucre en poudre*
- *2 gousses de vanille*

ASTUCE GOURMANDE

" Pour une version plus crémeuse, on peut ajouter 2 œufs à la préparation." **Mamou**

1 Versez le riz dans une casserole et couvrez-le d'eau froide.

2 Laissez cuire à feu doux jusqu'à évaporation complète de l'eau (comptez 20 min).

3 Ajoutez le lait et la crème fraîche.

4 À la reprise de l'ébullition, poursuivez la cuisson à feu doux pendant environ 20 min.

5 Incorporez le sucre et les gousses de vanille fendues dans le sens de la longueur et raclées de manière à en extraire les graines.

6 Laissez cuire encore 10 min.

7 Retirez les gousses de vanille et versez la préparation dans des ramequins individuels ou dans un plat.

8 Laissez refroidir.

ENTREMETS ONCTUEUX

Torgoule (riz au lait à la cannelle)

Préparation : 5 min ♥ ***Cuisson :*** au moins 2 h 30

Pour 8 personnes

- *2 l de lait*
- *125 g de riz rond*
- *100 g de sucre semoule*
- *quelques pincées de cannelle en poudre (à doser selon votre goût)*

1 Versez le lait dans un plat creux ou une terrine (un récipient assez profond, pour éviter le débordement pendant la cuisson).

2 Ajoutez le riz, le sucre, la cannelle et remuez à l'aide d'une cuillère.

3 Faites cuire au four, thermostat 5-6 (170 °C), pendant au moins 2 h 30.

ENTREMETS ONCTUEUX

Crème brûlée

Préparation : 30 min ♥ ***Cuisson :*** environ 2 h

Pour 4 personnes

- *50 cl de crème liquide*
- *2 gousses de vanille*
- *6 jaunes d'œufs*
- *70 g de sucre semoule*
- *2 c. à s. de cassonade*

ASTUCE GOURMANDE

“ J'ajoute un peu de pain d'épice dans les crèmes brûlées : quelques miettes au fond des ramequins et quelques cubes sur le dessus.” ***Hortense***

1 Versez la crème liquide dans une casserole et portez à ébullition.

2 Aux premiers bouillonnements, retirez la casserole du feu, ajoutez la vanille (gousses et graines) et laissez infuser environ 20 min.

3 Préchauffez votre four, thermostat 3 (90 °C).

4 Dans un saladier, fouettez le sucre et les jaunes d'œufs.

5 Après avoir ôté les gousses de vanille, versez la crème sur le mélange jaunes/sucre en continuant à fouetter.

6 Répartissez la crème dans des ramequins et faites cuire au four environ 2 h.

7 Laissez refroidir.

8 Au moment de servir, saupoudrez les crèmes de cassonade et passez-les un instant sous le gril du four pour qu'elles caramélisent.

ENTREMETS ONCTUEUX

Crème renversée au caramel

Préparation : 20 min (hors temps de repos) ❤ ***Cuisson :*** environ 45 min

Pour 6 personnes

Pour le caramel

- *100 g de sucre semoule*
- *4 c. à s. d'eau*

Pour la crème

- *5 œufs entiers*
- *120 g de sucre semoule*
- *50 cl de lait*

ASTUCE GOURMANDE

“ Pour le caramel, je compte 5 morceaux de sucre pour 2 cuillerées à soupe d'eau. Quand il commence à brunir, j'ajoute un filet de citron, sinon je peux dire adieu à ma casserole.” ***Victorine***

Le caramel

1. Dans une casserole, mélangez le sucre et l'eau.
2. Faites chauffer en remuant sur feu vif jusqu'à obtention d'un caramel clair.
3. Stoppez la cuisson en plongeant le fond de la casserole dans une bassine d'eau froide.
4. Versez le caramel dans des petits pots individuels.

La crème

1. Cassez les œufs et fouettez énergiquement avec le sucre pour les blanchir.
2. Portez le lait à ébullition et éteignez aussitôt le feu.
3. Versez un tiers de lait bouillant sur le mélange œufs/sucre sans cesser de remuer.
4. Reversez le tout sur le reste du lait, mélangez et retirez la mousse qui s'est formée à la surface à l'aide d'une écumoire.
5. Disposez des petits pots dans un plat à large bord.
6. Remplissez-les de crème.
7. Versez de l'eau chaude dans le plat de sorte qu'elle arrive à mi-hauteur des pots.
8. Mettez au four, thermostat 6 (180 °C), pendant environ 45 min.
9. Laissez tiédir dans le bain-marie.
10. Placez au frais et dégustez le lendemain.

ENTREMETS ONCTUEUX

Crème au chocolat

Préparation : 15 min (hors temps de repos) ❤ **Cuisson :** environ 45 min

Pour 6 personnes

- *4 jaunes d'œufs*
- *90 g de sucre en poudre*
- *250 g de chocolat noir*
- *30 cl de lait*
- *30 cl de crème liquide*

1 Séparez les jaunes des blancs d'œufs.

2 Conservez les jaunes et ajoutez le sucre.

3 Fouettez énergiquement.

4 Faites fondre les morceaux de chocolat au bain-marie.

5 Versez le lait et la crème dans une casserole et portez à ébullition.

6 Versez le liquide bouillant sur le chocolat, mélangez.

7 Ajoutez le mélange œufs/sucre.

8 Remplissez des petits pots.

9 Disposez-les dans un plat à large bord.

10 Versez de l'eau bouillante dans le plat de sorte qu'elle arrive à mi-hauteur des pots.

11 Faites cuire au bain-marie au four préchauffé, thermostat 6 (180 °C), pendant environ 45 min.

12 Sortez le plat du four et laissez tiédir les pots dans le bain-marie.

13 Placez au frais plusieurs heures avant de servir.

ASTUCE GOURMANDE

“Les crèmes sans blanc d'œuf sont délicates à préparer car elles prennent moins bien que les crèmes renversées, par exemple. Je préfère ne pas les cuire au four mais dans une cocotte, au bain-marie. On surveille mieux le bouillonnement.” ***Victorine***

ASTUCE ÉCO

“Que faire des blancs d'œufs exclus de la recette ? Les battre en neige pour redonner du brillant à une toile cirée un peu usée ou préparer d'autres gourmandises : une île flottante, une tarte au citron meringuée, des financiers... Placés dans un récipient hermétique, les blancs d'œufs se conservent 2 à 4 jours au réfrigérateur.” **Mamie Maria**

ENTREMETS ONCTUEUX

Mousse au chocolat

Préparation : 15 min (hors temps de repos)

Ingrédients

- *1 barre de chocolat (4 ou 5 carrés) par personne*
- *1 œuf par personne*
- *1 blanc d'œuf supplémentaire*
- *1 sachet de sucre vanillé*
- *1 pincée de sel*

1 Cassez le chocolat en morceaux.

2 Faites-les fondre au bain-marie en couvrant la casserole.

3 Cassez les œufs et séparez les blancs des jaunes.

4 Mélangez les jaunes avec le chocolat fondu.

5 Ajoutez le sucre vanillé.

6 Montez les blancs en neige avec la pincée de sel.

7 Incorporez environ ⅓ des blancs au mélange œufs/chocolat. Fouettez.

8 Versez le tout sur le reste des blancs en neige et mélangez délicatement avec une spatule en bois.

9 Placez 1 nuit (ou au minimum ½ journée) au réfrigérateur avant de déguster.

ASTUCE GOURMANDE

“ Les œufs doivent être à température ambiante, sinon les blancs ne seront pas assez fermes. Je fais parfois fondre le chocolat dans 1 cuillerée de café très fort. Dans ce cas, il vaut mieux ensuite ajouter un peu plus de sucre.” **Mamou**

ENTREMETS FRUITÉS

Poires pochées au vin

Préparation : 35 min (hors temps de repos) ♥ ***Cuisson :*** environ 15 min

Pour 6 personnes

- *6 poires*
- *75 cl de vin rouge*
- *200 g de sucre semoule*
- *1 gousse de vanille*

1 Pelez les poires, coupez-les en deux et évidez-les.

2 Dans un faitout, versez le vin rouge, le sucre semoule et la gousse de vanille fendue en deux.

3 Portez à ébullition.

4 Plongez les poires dans le vin chaud et pochez-les environ 15 min sur feu doux.

5 Laissez refroidir les poires dans le vin.

6 Transvasez-les dans un saladier et gardez au frais 3 h.

7 Servez les demi-poires dans une assiette, recouvertes du vin froid.

ASTUCE GOURMANDE

“Les poires williams et les conférences se prêtent bien à cette recette, mais toutes les variétés conviennent. Je me souviens que ma mère utilisait les poires farineuses et peu fameuses au couteau que donnait le poirier de notre ferme, et c'était très bon.”
Marie-Rose

ENTREMETS FRUITÉS

Poires au chocolat

Préparation : 15 min ♥ ***Cuisson :*** environ 20 min

Pour 6 personnes

- *6 poires mûres (williams de préférence)*
- *1 citron*
- *100 g de sucre semoule*
- *300 g de chocolat noir à plus de 50 % de cacao*
- *10 cl de crème fraîche*

ASTUCE PRATIQUE

« Les poires se conservent plus longtemps lorsqu'on les range tête en bas."
Mamie Maria

1 Pelez les poires en les gardant entières et conservez la queue.

2 Pressez le citron et versez le jus sur les poires.

3 Posez les poires debout dans une casserole, ajoutez le sucre puis de l'eau de manière à les couvrir aux trois quarts.

4 Faites cuire à feu moyen jusqu'à ce que les poires deviennent légèrement translucides (environ 20 min).

5 Retirez la casserole du feu, laissez refroidir.

6 Conservez environ ½ verre de sirop de cuisson.

7 Juste avant de servir, faites fondre les morceaux de chocolat au bain-marie.

8 Ajoutez la crème fraîche puis versez le sirop de cuisson des poires, peu à peu, en remuant jusqu'à obtenir un mélange onctueux.

9 Installez chaque poire dans une coupe à glace ou un ramequin et arrosez-les de sauce au chocolat.

10 Dégustez aussitôt.

ENTREMETS FRUITÉS

Poires au caramel

Préparation : 5 min ♥ ***Cuisson :*** environ 25 min

Pour 6 personnes

- *12 petites poires*
- *1 citron*

Pour le caramel

- *20 cl d'eau*
- *200 g de sucre en poudre (ou 24 morceaux)*

1 Pelez les poires en les gardant entières et conservez la queue.

2 Frottez-les avec la pulpe du citron pour qu'elles restent blanches.

3 Placez-les dans une casserole et couvrez-les d'eau.

4 Pochez-les pendant environ 20 min.

5 Préparez le caramel avec l'eau et le sucre.

6 Après 3 ou 4 min d'ébullition, quand le caramel a pris, jetez les poires dedans et baissez le feu au minimum.

7 Lorsque les poires sont tendres, disposez-les dans un plat.

8 Faites réduire le sirop et nappez-en les poires.

ENTREMETS FRUITÉS

Aumônières de poires au miel

Préparation : environ 20 min (hors temps de repos de la pâte) ♥ ***Cuisson :*** environ 15 min

Pour 6 personnes

Pour la pâte

- *25 g de beurre*
- *250 g de farine*
- *½ l de lait*
- *3 œufs*
- *1 pincée de sel*
- *2 c. à s de sucre en poudre*
- *1 gousse de vanille*

Pour la garniture

- *5 belles poires*
- *25 g de beurre*
- *4 c. à s. de miel*
- *6 pincées de cannelle*

Les crêpes

1 Faites fondre le beurre à feu doux dans une casserole.

2 Versez la farine dans un saladier et creusez un puits au centre.

3 Versez la moitié du lait dans ce creux et mélangez en incorporant progressivement la farine.

4 Incorporez petit à petit les œufs battus en omelette puis ajoutez le beurre fondu, le sel et le sucre.

5 Continuez à remuer jusqu'à obtenir un mélange homogène.

6 Ajoutez progressivement le reste de lait sans cesser de remuer.

7 Fendez la gousse de vanille dans le sens de la longueur et raclez les graines avec la pointe d'un couteau.

8 Ajoutez le tout dans la pâte à crêpes et laissez-la reposer 2 h à température ambiante.

9 Retirez la gousse de vanille et faites cuire les crêpes à feu vif.

La garniture

1 Pendant que la pâte à crêpes repose, pelez les poires, ôtez-en le cœur et les pépins, et coupez-les en dés.

2 Faites-les caraméliser quelques minutes dans une poêle avec le beurre et le miel. Elles doivent rester un peu fermes : ne les réduisez pas en compote.

3 Prenez une crêpe et posez quelques dés de poires au centre.

4 Nouez la crêpe avec de la ficelle alimentaire de manière à former une bourse.

5 Juste avant de servir, saupoudrez les aumônières de cannelle et passez-les au four, thermostat 6 (180 °C), à peine 10 min.

ASTUCES PRATIQUES

“ Après la cuisson, j'enlève la ficelle alimentaire et je noue les aumônières avec un fil de rouleau de réglisse.

Quand je n'ai pas de ficelle alimentaire, j'utilise des brins de ciboulette que je blanchis dans l'eau chaude.”

Mamou

ENTREMETS FRUITÉS

Pommes au nid

Préparation : 15 min ♥ ***Cuisson :*** environ 45 min

Pour 6 personnes

- *6 pommes*
- *4 œufs*
- *75 g de sucre semoule*
- *125 g de farine*
- *1 pincée de sel*
- *10 cl de lait*
- *50 g de beurre*
  + 10 g pour le moule
- *3 c. à s. de gelée*
  de framboises

1 Épluchez les pommes, ôtez-en le cœur et les pépins.

2 Rangez-les dans un plat à four beurré.

3 Cassez les œufs en séparant les blancs des jaunes.

4 Battez les jaunes d'œufs et le sucre semoule dans une terrine jusqu'à ce que le mélange blanchisse.

5 Versez peu à peu la farine tamisée.

6 Ajoutez la pincée de sel puis le lait.

7 Montez les blancs en neige très ferme et incorporez-les délicatement au mélange.

8 Versez cette pâte dans le plat, autour des pommes, sans les recouvrir.

9 Remplissez le creux de chaque pomme avec la gelée de framboises puis un peu de beurre coupé en lamelles.

10 Faites cuire à four chaud, thermostat 6 (180 °C), environ 45 min.

11 Laissez tiédir avant de servir.

ASTUCE PRATIQUE

“ L'hiver, je choisis des reinettes ; elles sont très parfumées. L'été, je prends des goldens.”
Odette

ENTREMETS FRUITÉS

Pommes au four

Préparation : 5 min ♥ ***Cuisson :*** environ 35 min

Pour 6 personnes

- *6 pommes (type boskoops)*
- *6 noisettes de beurre*
- *6 c. à s. de cassonade (ou 1 morceau de sucre)*
- *1 verre d'eau*

1 Rincez les pommes et essuyez-les.

2 Retirez-en le cœur et les pépins à l'aide d'une petite cuillère.

3 Disposez les pommes dans un plat.

4 Introduisez 1 noisette de beurre dans chaque cœur de pomme.

5 Saupoudrez chaque pomme de 1 c. à s. de cassonade.

6 Versez un fond d'eau dans le plat et enfournez, thermostat 6/7 (200 °C), pour environ 35 min.

7 Arrosez les pommes de temps en temps.

ASTUCE GOURMANDE

*“Je farcis parfois les pommes de noix et de noisettes concassées, de raisins secs, et j'ajoute un peu de miel. Ce dessert devient tout de suite plus chic !” **Victorine***

ASTUCE PRATIQUE

“Avant de les mettre au four, je pique les pommes avec une fourchette pour éviter qu'elles n'éclatent à la cuisson.”
Mamie Anna

ENTREMETS FRUITÉS

Flan d'abricots

Préparation : 20 min ♥ ***Cuisson :*** environ 35 min

Pour 4 à 5 personnes

- *1 dizaine d'abricots mûrs*
- *1 verre de lait*
- *3 œufs*
- *125 g de sucre en poudre*
- *1 c. à s. bombée de farine*
- *1 c. à s. de poudre d'amandes*
- *10 cl de crème liquide entière*
- *1 pincée de sel*
- *beurre et farine (pour le moule)*

1 Préchauffez le four, thermostat 6 (180 °C).

2 Faites bouillir le lait, retirez-le du feu et laissez tiédir.

3 Lavez, séchez et dénoyautez les abricots.

4 Disposez les oreillons au fond d'un moule préalablement beurré et fariné.

5 Dans un saladier, fouettez les œufs avec le sucre, incorporez la farine et la poudre d'amandes. Ajoutez la pincée de sel.

6 Versez le lait puis la crème sur la préparation en continuant à mélanger avec le fouet.

7 Versez le tout sur les abricots.

8 Enfournez pour environ 35 min.

9 Servez tiède.

ASTUCE GOURMANDE

“ Chaque été, je préparais ce flan (entre autres) pour fêter la fin des moissons. Vous pouvez remplacer les abricots par des pêches et faire infuser de la verveine, du romarin ou de la lavande dans le lait.”
Mamie Anna

ENTREMETS FRUITÉS

Sabayon aux pêches

Préparation : 20 min ♥ ***Cuisson :*** 5 min

Pour 5 personnes

- *6 pêches de vigne*
- *4 jaunes d'œufs*
- *50 g de sucre semoule*
- *10 cl de muscat*
- *1 c. à s. de beurre*
- *1 c. à s. de miel*
- *quelques amandes effilées*

1. Ébouillantez les pêches 30 s, pelez-les et coupez-les en quartiers.
2. Faites-les revenir quelques minutes à la poêle avec le beurre et le miel.
3. Disposez les fruits dans un plat ou des ramequins.
4. Cassez les œufs en séparant les blancs des jaunes.
5. Dans un saladier, fouettez les jaunes en ajoutant le sucre.
6. Versez le muscat.
7. Posez le saladier sur une casserole d'eau frémissante et continuez à fouetter jusqu'à ce que le mélange mousse et blanchisse.
8. Versez le sabayon sur les fruits et passez 1 à 2 min sous le gril en surveillant la coloration.
9. Décorez avec des amandes effilées.
10. Dégustez tiède.

ASTUCES PRATIQUES

“ Veillez, pour le bain-marie, à ce que l'eau reste frémissante et non bouillante.

Pour savoir si la crème est prête, je trempe la cuillère en bois dans le sabayon et je trace un trait avec le doigt sur la cuillère : si la marque reste, c'est bon !”

Victorine

ENTREMETS FRUITÉS

Clafoutis aux cerises

Préparation : 15 min ♥ ***Cuisson :*** 35 à 40 min

Pour 6 personnes

- *35 g de beurre*
- *50 cl de lait*
- *100 g de farine*
- *80 g de sucre semoule*
- *1 sachet de sucre vanillé*
- *1 pincée de sel*
- *4 œufs*
- *1 c. à s. d'eau-de-vie (facultatif)*
- *500 g de cerises noires*

ASTUCE PRATIQUE

❝ *Sauf en cas de forte chaleur, les cerises n'aiment pas être rangées au réfrigérateur.*"
Mamie Anna

1 Préchauffez le four, thermostat 6/7 (200 °C).

2 Faites fondre 25 g de beurre et tiédir le lait.

3 Beurrez un plat.

4 Dans un saladier, mélangez la farine et les sucres, ajoutez la pincée de sel.

5 Ajoutez les œufs, un à un, en fouettant la préparation.

6 Versez progressivement le lait, le beurre fondu et, éventuellement, en dernier lieu, l'eau-de-vie.

7 Étalez les cerises (non dénoyautées) dans le plat.

8 Recouvrez avec la pâte.

9 Enfournez pour 35 à 40 min. Le dessus du clafoutis doit avoir gonflé et doré.

10 Dégustez tiède.

ENTREMETS FRUITÉS

Mijettes aux cerises

Préparation : 25 min ♥ ***Cuisson :*** environ 25 min

Pour 6 personnes

- *750 g de cerises*
- *¼ de litre de vin rosé*
- *175 g de sucre en poudre*
- *6 tranches épaisses de brioche ou de pain rassis*
- *40 g de beurre*
- *1 c. à s. de fécule*

1 Équeutez et dénoyautez les cerises.

2 Mettez-les dans une casserole et versez dessus le vin (dont vous aurez mis de côté 3 c. à s) et le sucre en poudre.

3 Faites cuire à petit feu durant 20 min environ.

4 Pendant ce temps, beurrez les tranches de brioche ou de pain sur les deux côtés, saupoudrez-les avec du sucre et faites-les caraméliser au four, sous le gril.

5 Délayez la fécule avec les 3 c. à s. de vin et ajoutez-la au jus de cuisson des cerises.

6 Liez l'ensemble à feu doux.

7 Lorsque les tranches de brioche ou de pain sont dorées, disposez-les sur un plat de service.

8 Placez dessus les cerises égouttées et nappez avec le jus lié.

9 Servez chaud.

ENTREMETS FRUITÉS

Soupe de fraises au vin

Préparation : 10 min (hors temps de macération)

Pour 6 personnes

- *1 kg de fraises*
- *1 citron*
- *6 c. à s. de sucre en poudre*
- *75 cl de vin rosé*

ASTUCE GOURMANDE

“Vous pouvez remplacer le vin rosé par un vin rouge fruité, de la blanquette de Limoux ou du champagne, et les fraises par des mûres ou des framboises.” **Mamou**

1 Rincez rapidement les fraises (en conservant le pédoncule).

2 Épongez-les, équeutez-les et coupez-les en morceaux (facultatif).

3 Déposez-les dans un saladier et arrosez du jus du citron.

4 Saupoudrez-les de sucre et mélangez.

5 Arrosez de vin rosé.

6 Couvrez le saladier et laissez macérer 1 h au réfrigérateur.

7 Servez frais.

ENTREMETS FRUITÉS

"Sorbet" aux fraises

Préparation : 10 min (hors temps de repos)

Pour environ 6 personnes

- *500 g de fraises*
- *2 citrons*
- *50 cl de crème fraîche*
- *250 g de sucre glace*

1 Passez les fraises sous l'eau.

2 Équeutez-les et mixez-les (ou passez-les au moulin à légumes).

3 Pressez les citrons et ajoutez leur jus à la purée de fraises.

4 À part, battez la crème fraîche et le sucre glace.

5 Incorporez-y délicatement la purée de fraises.

6 Placez ce mélange au congélateur au moins 5 h.

ASTUCE DIÉTÉTIQUE

Pour alléger cette recette, on peut remplacer la crème fraîche par 1 yaourt nature. Un véritable sorbet se prépare de la même manière, avec 500 grammes de fraises et ½ litre d'eau (pas de crème) auquel on ajoute le jus de 1 citron.

ENTREMETS FRUITÉS

Blancs-mangers aux framboises

Préparation : 50 min (hors temps de réfrigération)

Pour 4 personnes

- *40 cl de lait entier*
- *180 g de sucre semoule*
- *250 g de poudre d'amandes*
- *3 feuilles de gélatine alimentaire*
- *2 citrons*
- *500 g de framboises*

ASTUCE GOURMANDE

« On peut aussi parfumer le lait d'amandes avec 1 gousse de vanille, de la noix de coco ou de l'extrait d'amande amère.»
Micheline

1 Placez des moules individuels au réfrigérateur.

2 Faites bouillir le lait avec 120 g de sucre.

3 Retirez-le du feu, ajoutez la poudre d'amandes et laissez infuser 30 min.

ASTUCE PRATIQUE

« Pour démouler facilement les blancs-mangers, je plonge rapidement les moules dans un saladier d'eau chaude.»
Micheline

4 Faites ramollir la gélatine dans un bol d'eau froide.

5 Filtrez le lait d'amandes en le pressant au travers d'un linge.

6 Réchauffez-le.

7 Pressez les citrons.

8 Essorez la gélatine entre vos mains, ajoutez-la, avec le jus de 1 citron, au lait d'amandes.

9 Remuez pour la faire fondre.

10 Répartissez le lait dans les moules.

11 Laissez prendre au réfrigérateur pendant au moins 4 h.

12 Mixez la moitié des framboises avec le jus de l'autre citron et le reste de sucre.

13 Filtrez le coulis et réservez au frais.

14 Au moment de servir, démoulez les blancs-mangers sur des assiettes nappées de coulis.

15 Entourez-les du reste de framboises et servez sans attendre.

Autres gourmandises

Le lendemain, le loup ne vint pas chez Mère-Grand. Le surlendemain, non plus. Aurait-il mal digéré le riz au lait ? Serait-il pris au piège d'un braconnier ?
La vieille dame et sa petite-fille partirent dans la forêt dans l'espoir de l'y rencontrer. Chemin faisant, elles l'aperçurent attifé d'une fougère en guise de cravate, en train de discipliner ses poils rebelles.

« Comme tu es élégant ! le complimenta Mère-Grand.
– C'est pour mieux vous plaire, grand-mère.
– Mais tu es bien menu et tu n'as pas bonne mine.
– Viens, lança le Petit Chaperon rouge, Grand-Mère a préparé des beignets ! Après, on jouera à saute-mouton. »

Mère-Grand fit d'abord les gros yeux puis, sur le pas de la porte, déclara : « Entre, mais bas les pattes et mets ta serviette. »
Le loup obéit, fila doux. Les mois passèrent. Lorsqu'arriva l'hiver, une rumeur courait parmi les voisines de Mère-Grand : on aurait vu le loup, papattes en rond, ronflant dans son salon.

Fin

BISCUITS, BEIGNETS...

Pain perdu

Préparation : 5 min ♥ ***Cuisson :*** 5 min

Pour 4 personnes

- *25 cl de lait*
- *80 g de sucre en poudre*
- *1 sachet de sucre vanillé*
- *3 œufs*
- *100 g de beurre*
- *8 tranches de pain rassis*
- *cannelle (facultatif)*

ASTUCE GOURMANDE

*« On peut agrémenter le pain perdu en ajoutant des amandes effilées, des pralines, de la gelée de groseilles ou du miel. C'est également délicieux accompagné d'une crème anglaise. » **Lisette***

1 Dans une casserole, faites tiédir le lait.

2 Ajoutez le sucre et le sucre vanillé, éventuellement la cannelle.

3 Battez les œufs dans une assiette creuse.

4 Trempez les tranches de pain dans le lait sucré puis dans les œufs battus.

5 Faites fondre le beurre dans une poêle.

6 Lorsqu'il est chaud, déposez les tranches de pain dans la poêle.

7 Faites dorer à feu vif sur les deux faces.

8 Saupoudrez de sucre et servez.

BISCUITS, BEIGNETS...

Crêpes Suzette

Préparation : 15 min (hors temps de repos de la pâte) ♥ ***Cuisson :*** 15 min

Pour 8 personnes (16 crêpes)

- *1 orange (non traitée pour le zeste)*
- *4 œufs*
- *2 pincées de sel fin*
- *70 g de sucre semoule*
- *700 cl de lait entier*
- *300 g de farine*
- *50 g de beurre fondu*

Pour le flambage

- *200 g de sucre semoule*
- *125 g de beurre*
- *4 oranges*
- *4 c. à s. de Grand Marnier*

ASTUCE PRATIQUE

“Je prépare une pâte à crêpes sans alcool pour que les enfants puissent en profiter. Ensuite, pour les adultes, je flambe les crêpes avec du Grand Marnier ou du Cointreau.” ***Lisette***

La pâte à crêpes

1. Prélevez le zeste de l'orange avec un économe et taillez les morceaux d'écorce en fines lanières.
2. Pressez la pulpe. Réservez le jus dans un verre.
3. Dans un saladier, cassez et fouettez les œufs.
4. Ajoutez le sel et le sucre semoule en continuant à mélanger.
5. Versez un tiers du lait froid.
6. Ajoutez la farine tout en fouettant jusqu'à obtenir une pâte bien lisse.
7. Versez le beurre fondu (il ne doit pas être chaud mais à température ambiante).
8. Ajoutez le zeste d'orange et le jus de l'orange pressée.
9. Versez le reste du lait sans jamais cesser de mélanger.
10. Laissez reposer la pâte au moins 2 h au réfrigérateur.
11. Faites cuire les crêpes et empilez-les sur une assiette.
12. Pliez-les en quatre pour former un triangle.

Le flambage (procédez par séries de 3 ou 4 crêpes)

1. Dans une autre poêle, versez 3 c. à s. de sucre et 3 noix de beurre.
2. Laissez roussir et versez le jus de 1 orange toujours en mélangeant.
3. Déposez 3 ou 4 crêpes pliées dans la poêle, laissez chauffer quelques secondes en les arrosant de jus de cuisson.
4. Versez un filet de Grand Marnier dessus et flambez les crêpes dans la poêle.
5. Dressez-les sur une assiette et versez dessus un peu de jus de cuisson.

BISCUITS, BEIGNETS…

Gaufres

Préparation : 10 min (hors temps de repos de la pâte) ♥ ***Cuisson :*** 3 min par gaufre

Pour 4 personnes

- *75 g de beurre*
- *250 g de farine*
- *3 œufs*
- *40 cl de lait*
- *½ sachet de levure chimique*
- *1 pincée de sel*
- *4 grosses c. à s. de sucre en poudre*
- *huile (pour le moule)*
- *4 grosses c. à s. de sucre glace*

1 Faites fondre le beurre au bain-marie.

2 Disposez la farine en fontaine dans une terrine.

3 Au centre, versez les jaunes d'œufs (réservez les blancs).

4 Incorporez le beurre fondu puis le lait.

5 Ajoutez la levure, le sel et le sucre.

6 Montez les blancs en neige et incorporez-les à la pâte.

7 Laissez-la reposer dans le réfrigérateur au moins 1 h.

8 Huilez un moule à gaufre, faites-le chauffer et versez-y une petite louche de pâte.

9 Lorsqu'elle est bien dorée des deux côtés, démoulez la gaufre.

10 Continuez ainsi la cuisson de toutes les gaufres.

11 Servez-les chaudes, saupoudrées de sucre glace.

BISCUITS, BEIGNETS…

Merveilles

Préparation : 20 min (hors temps de repos de la pâte) ♥ ***Cuisson :*** 3 min par merveille

Pour 10 à 12 personnes

- *200 g de beurre*
- *1 kg de farine*
- *1 sachet de levure chimique*
- *8 œufs*
- *2 verres à liqueur de rhum (ou d'eau-de-vie)*
- *1 citron (pour le zeste)*
- *1 sachet de sucre vanillé*
- *1 pincée de sel*
- *huile*
- *sucre glace*

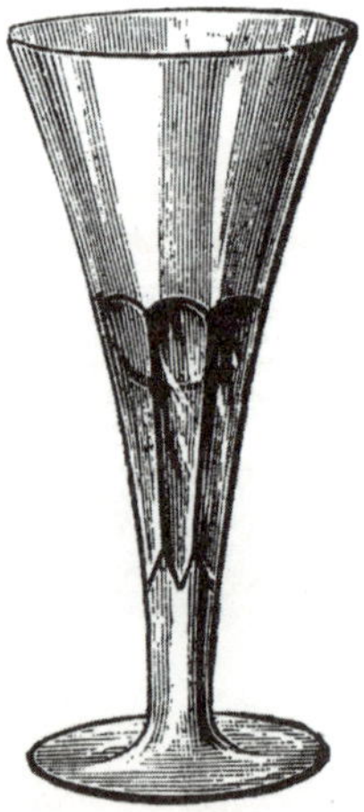

1 Laissez le beurre ramollir à température ambiante.

2 Mélangez la farine et la levure.

3 Faites une fontaine, ajoutez au centre le beurre ramolli, les œufs, le rhum, le zeste de citron, le sucre vanillé et le sel.

4 Mélangez avec le bout des doigts et pétrissez longuement la pâte.

5 Lorsqu'elle devient lisse et malléable, laissez-la reposer au moins 30 min.

6 Farinez la table de travail et le rouleau à pâtisserie.

7 Aplatissez la pâte sur 3 à 4 mm d'épaisseur.

8 Découpez-la en rondelles ou en rectangles.

9 Tracez des traits au centre pour décorer.

10 Faites chauffer l'huile de friture dans une poêle.

11 Jetez les merveilles dedans et laissez-les dorer.

12 Égouttez-les, dressez-les sur un plat et saupoudrez de sucre glace.

BISCUITS, BEIGNETS...

Beignets de carnaval

Préparation : 20 min ♥ ***Cuisson :*** 3 min par poêlée

Pour 4 à 5 personnes

- *2 œufs*
- *125 g de beurre*
- *20 cl de crème fraîche épaisse*
- *5 à 6 c. à s. de sucre en poudre*
- *1 bol de farine*
- *1 verre d'huile*
- *3 c. à s. de sucre glace*

1 Battez les œufs dans un saladier.

2 Faites fondre le beurre et versez-le sur les œufs.

3 Ajoutez la crème fraîche et le sucre en poudre. Mélangez le tout.

4 Incorporez progressivement la farine et pétrissez.

5 Formez une grosse boule dans vos mains puis partagez-la en quatre morceaux.

6 Étendez chaque morceau avec un rouleau à pâtisserie afin d'obtenir une pâte très fine.

7 Avec une roulette, coupez-la en petits carrés et faites une fente au milieu, toujours avec la roulette.

8 Posez les morceaux sur une assiette.

9 Versez 2 cm d'huile dans une poêle.

10 Quand l'huile est bien chaude, plongez-y les petits carrés de pâte. Attention : ça cuit très vite ! (Les beignets gonflent un peu, pas beaucoup.)

11 Dès que les beignets sont dorés, saupoudrez-les de sucre glace.

ASTUCE GOURMANDE

“Avec cette pâte à beignets, je prépare aussi ce qu'on appelle "des sèches" dans ma région natale, la Franche-Comté. Au lieu de frire les petits carrés de pâte, je les installe dans un moule à tarte, je les saupoudre de sucre et je les passe au four chaud, thermostat 7 (210 °C), pendant 2 ou 3 minutes." ***Simone***

BISCUITS, BEIGNETS…

Beignets soufflés (ou pets de nonne)

Préparation : 25 min ♥ ***Cuisson :*** environ 5 min par « bain »

Pour 4 personnes

- *25 cl d'eau*
- *30 g de sucre en poudre*
- *60 g de beurre*
- *1 pincée de sel*
- *2 zestes de citron ou 2 c. à c. de rhum*
- *125 g de farine tamisée*
- *4 œufs*
- *huile*
- *sucre en poudre*

1 Faites bouillir l'eau avec le sucre, le beurre, le sel et le zeste de citron ou le rhum.

2 Quand le beurre est bien fondu, retirez la casserole du feu et versez-y toute la farine.

3 Mélangez énergiquement pour obtenir une pâte lisse et compacte.

4 Remettez la casserole sur le feu et faites cuire 15 min en tournant et en appuyant sur le fond de la casserole. La pâte doit se détacher de la casserole et de la cuillère en bois.

5 Retirez la casserole et attendez quelques minutes.

6 Cassez 1 œuf sur la pâte et battez vivement.

7 Répétez l'opération avec chaque œuf en travaillant la pâte. Elle doit être molle et coulante. Si elle ne l'est pas assez, rajoutez ce qu'il faut d'œuf.

8 Si, avant l'incorporation du dernier œuf, la pâte est déjà assez coulante, ne le mettez pas ou ne le mettez qu'en partie.

9 Faites glisser, dans la friture moyennement chaude, une petite boule de pâte et faites cuire en élevant progressivement la température. Comptez environ 5 min par « bain ».

10 Les beignets sont cuits lorsqu'ils cessent de se retourner d'eux-mêmes. Ils doivent être dorés.

11 Égouttez-les et servez-les en « buisson » (c'est-à-dire en vrac) sur une serviette, saupoudrés de sucre.

BISCUITS, BEIGNETS...

Brioche tressée à la fleur d'oranger

Préparation : 30 min (hors temps de repos de la pâte) ♥ ***Cuisson :*** environ 25 min

Pour 6 personnes

- *400 g de farine*
- *1 pincée de sel*
- *20 g de levure*
- *15 g de sucre en poudre*
- *1 c. à s. de fleur d'oranger*
- *4 œufs + 1 jaune (pour dorer la pâte)*
- *5 cl d'eau*
- *200 g de beurre*

1 **La veille**, dans une jatte, versez la farine, le sel, la levure, le sucre, la fleur d'oranger et les œufs.

2 Pétrissez la pâte, ajoutez l'eau et pétrissez à nouveau pendant 10 min (la pâte doit former une boule).

3 Incorporez le beurre et pétrissez plus rapidement jusqu'à ce que la pâte se décolle de la jatte.

4 Recouvrez d'un film alimentaire et laissez reposer au réfrigérateur toute une nuit.

5 **Le jour même**, divisez la pâte en trois.

6 Étalez chacun des morceaux en bande de 25 à 30 cm de long.

7 Formez des boudins de pâte en les allongeant.

8 Pincez les trois boudins de pâte à une extrémité.

9 Tressez régulièrement puis pincez l'autre extrémité.

10 Déposez la tresse sur une plaque à pâtisserie et laissez lever 45 min.

11 Préchauffez le four, thermostat 6 (180 °C).

12 Délayez le jaune d'œuf dans 1 c. à s. d'eau.

13 Dorez la brioche avec ce mélange à l'aide d'un pinceau.

14 Mettez à cuire dans le four pendant environ 25 min.

15 Retirez du four et laissez refroidir.

ASTUCES PRATIQUES

“Pour aller plus vite et éviter d'attendre une nuit, faites lever la brioche dans le four éteint après l'avoir légèrement préchauffé.

Lorsque vous dorez la pâte, effleurez-la avec le pinceau pour ne pas la faire retomber.”

Pierrette

BISCUITS, BEIGNETS…

Chausson aux pommes

Préparation : 5 min ♥ ***Cuisson :*** environ 30 min

Pour 4 personnes

- *1 pâte feuilletée*
- *1 bocal de compote de pommes*
- *1 jaune d'œuf*
- *1 c. à s. de sucre glace*
- *2 c. à s. d'huile*

1 Préchauffez le four, thermostat 6 (180 °C).

2 Déroulez la pâte feuilletée et posez-la sur la plaque du four huilée.

3 Badigeonnez les bords du jaune d'œuf allongé d'eau, avec un pinceau.

4 Étalez une grosse couche de compote sur la moitié de la surface de la pâte.

5 Couvrez avec l'autre moitié de pâte.

6 Badigeonnez la surface avec le restant de jaune d'œuf.

7 Enfournez pour 30 min.

8 À la fin de la cuisson, saupoudrez de sucre glace et mettez sous le gril 2 ou 3 min en surveillant la coloration du chausson.

ASTUCE ENFANT

“Tous les enfants ne raffolent pas de la compote mais, ainsi préparée, ils s'en régalent au goûter. Je fais un gros chausson familial, mais on peut évidemment confectionner des chaussons individuels.”
Mamou

BISCUITS, BEIGNETS…

Petites madeleines

Préparation : 20 min ♥ ***Cuisson :*** environ 10 min

Pour 1 douzaine de madeleines

- *3 œufs*
- *150 g de sucre en poudre*
- *100 g de beurre ramolli*
- *100 g de farine*
- *1 zeste de citron, ou écorce d'orange confite, ou vanille en poudre*

1 Cassez les œufs dans un saladier et fouettez avec le sucre jusqu'à ce que le mélange soit presque blanc et mousseux (comptez 15 min).

2 Ajoutez le beurre ramolli, mélangez, puis ajoutez la farine.

3 Travaillez avec une spatule en bois.

4 Ajoutez le zeste de citron, ou l'écorce d'orange coupée en dés très fins, ou la vanille.

5 Beurrez et farinez des petits moules à madeleine.

6 Remplissez-les de pâte.

7 Faites cuire à four chaud, thermostat 6 (180 °C), 1 dizaine de minutes.

BISCUITS, BEIGNETS…

Financiers

Préparation : 10 min (hors temps de repos de la pâte) ♥ ***Cuisson :*** 15 à 20 min

Pour 6 financiers

- *40 g de farine*
- *40 g de poudre d'amandes*
- *100 g de sucre glace*
- *4 blancs d'œufs*
- *60 g de beurre*
- *1 pincée de sel*
- *1 c. à s. de Grand Marnier (facultatif)*

ASTUCE ÉCO

“Avec les jaunes d'œufs qui restent, je prépare une crème au chocolat.” ***Victorine***
(voir la recette p. 96)

1 Mélangez la farine, la poudre d'amandes et le sucre glace.

2 Fouettez les blancs d'œufs avec le sel jusqu'à ce qu'ils moussent légèrement.

3 Incorporez-les au mélange.

4 Ajoutez le beurre fondu et éventuellement le Grand Marnier.

5 Laissez reposer la pâte environ 20 min.

6 Préchauffez le four, thermostat 6/7 (200 °C).

7 Beurrez les alvéoles d'un moule et remplissez-les de pâte.

8 Faites cuire au four pendant 15 à 20 min.

BISCUITS, BEIGNETS...

Rochers à la noix de coco

Préparation : 5 min ♥ ***Cuisson :*** environ 20 min

Pour 8 à 10 rochers

- *4 blancs d'œufs*
- *1 pincée de sel*
- *200 g de sucre en poudre*
- *200 g de noix de coco râpée + un peu pour la décoration*

1. Battez énergiquement les blancs d'œufs, le sel et le sucre.
2. Lorsque le mélange est devenu mousseux, ajoutez la noix de coco.
3. Remplissez aux ⅔ des caissettes en papier posées sur la plaque du four.
4. Laissez cuire à four modéré, thermostat 5 (160 °C), environ 20 min.
5. Parsemez de noix de coco rapée et dégustez froid.

BISCUITS, BEIGNETS...

Sablés

Préparation : 15 min (hors temps de repos de la pâte) ♥ ***Cuisson :*** environ 15 min par plaque

Pour 6 personnes

- *250 g de farine*
- *125 g de sucre en poudre*
- *1 sachet de sucre vanillé*
- *1 pincée de sel*
- *125 g de beurre*
- *1 œuf*

ASTUCE GOURMANDE

“ Pour les fêtes de Noël, j'ajoute à la farine 1 cuillerée à soupe de cannelle ou de mélange quatre-épices.”
Lisette

1 Dans un saladier, mélangez la farine, les sucres et le sel.

2 Ajoutez le beurre froid coupé en morceaux.

3 Travaillez la pâte du bout des doigts.

4 Incorporez l'œuf et mélangez.

5 Formez une boule avec la pâte et enveloppez-la dans un linge ou un film alimentaire.

6 Réservez 1 h au réfrigérateur.

7 Préchauffez le four, thermostat 5/6 (160 °C).

8 Abaissez la pâte et découpez-la en lui donnant une forme avec un emporte-pièce ou un verre renversé.

9 Déposez les sablés sur la plaque de cuisson recouverte de papier sulfurisé.

10 Enfournez environ 15 min.

BISCUITS, BEIGNETS...

Sablés de semoule

Préparation : environ 10 min ♥ ***Cuisson :*** environ 20 min

Pour 50 sablés

- *250 g de semoule de blé*
- *150 g de farine*
- *150 g de sucre en poudre*
- *225 g de beurre ramolli*
- *1 c. à c. de sel*

1 Malaxez la semoule de blé, la farine, le sel, le sucre et le beurre ramolli.

2 Étalez la préparation directement sur une plaque ou la lèchefrite, à la main, sans trop appuyer.

3 Enfournez 10 à 15 min, thermostat 5 (150 °C), et surveillez : quand le beurre fond, sortez la plaque du four.

4 Tracez des petits carrés au couteau et remettez au four quelques minutes, le temps que le biscuit prenne une couleur dorée.

5 Laissez refroidir et coupez les carrés.

BISCUITS, BEIGNETS...

Broyé du Poitou

Préparation : 15 min ❤ ***Cuisson :*** environ 20 min

Pour 6 personnes

- *250 g de farine*
- *125 g de sucre*
- *1 pincée de sel*
- *125 g de beurre*
- *½ œuf + 1 jaune d'œuf*

1 Mélangez la farine, le sucre et le sel.

2 Ajoutez le beurre et la moitié d'œuf ; pétrissez doucement.

3 Étalez la pâte en formant un cercle de 20 à 25 cm de diamètre.

4 Posez-la sur la plaque du four.

5 Quadrillez la surface avec une fourchette et dorez au jaune d'œuf avec un pinceau.

6 Mettez au four, thermostat 6 (180 °C), et laissez cuire environ 20 min.

ASTUCE GOURMANDE

“On peut ajouter 1 cuillerée à soupe d'eau-de-vie avec le beurre et l'œuf ou parsemer le broyé d'amandes effilées.”
Pierrette

BISCUITS, BEIGNETS...

Tuiles aux amandes

Préparation : 15 min ♥ ***Cuisson :*** environ 5 min

Pour 50 tuiles

- *80 g de farine*
- *250 g de sucre en poudre*
- *1 œuf entier + 5 blancs d'œufs*
- *100 g de beurre*
- *20 g d'amandes effilées*
- *huile*

ASTUCE PRATIQUE

“ Je me sers de cette pâte pour réaliser des coupelles en biscuit que je garnis de mousse au chocolat ou de crème Chantilly. Au lieu de placer la pâte sur un rouleau à la sortie du four, je l'installe dans un bol, j'appuie, et j'attends qu'elle refroidisse.”
Mamie Maria

1 Préchauffez le four, thermostat 6 (180 °C).

2 Dans une jatte, mélangez la farine et le sucre.

3 Incorporez progressivement l'œuf entier puis les blancs.

4 Faites fondre le beurre dans une petite casserole et ajoutez-le au mélange.

5 Ajoutez les amandes délicatement, sans trop travailler la pâte pour éviter qu'elles se brisent.

6 Beurrez une plaque à four.

7 Prélevez une petite quantité de pâte et faites-la glisser sur la plaque.

8 Aplatissez chaque disque de pâte.

9 Enfournez-les et laissez cuire quelques minutes en surveillant la coloration.

10 Sortez les tuiles du four et placez-les aussitôt sur un rouleau à pâtisserie huilé pour leur donner une forme bombée.

11 Laissez refroidir.

BISCUITS, BEIGNETS…

Meringues

Préparation : 5 min ♥ ***Cuisson :*** 1 h

Pour 6 à 8 meringues

- *2 blancs d'œufs*
- *120 g de sucre semoule*
- *beurre*

1 Battez les blancs d'œufs en neige molle.

2 Ajoutez la moitié du sucre en continuant à battre.

3 Quand la neige devient ferme, versez le reste du sucre et battez plus vite.

4 Sur la plaque du four légèrement beurrée ou revêtue de papier cuisson, formez des boules à l'aide de deux cuillères trempées dans de l'eau.

5 Mettez au four, thermostat 4 (120 °C), durant 1 h.

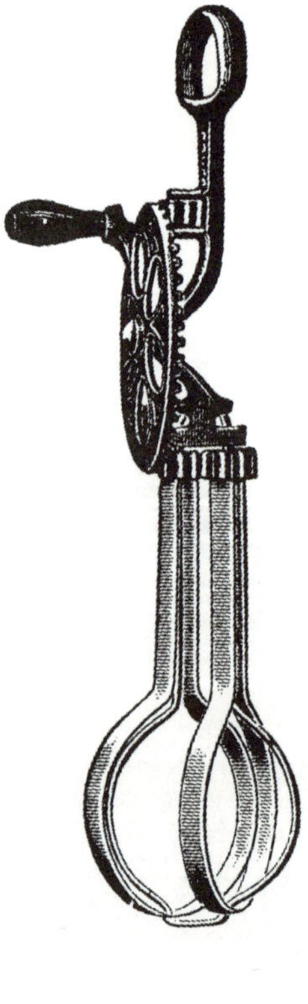

ASTUCE PRATIQUE

“ Comptez 60 grammes de sucre par blanc d'œuf et pensez à espacer les meringues sur la plaque de cuisson, car elles vont gonfler.”
Mamie Anna

ASTUCE GOURMANDE

“ Si vous aimez les meringues moelleuses, moins croquantes, réduisez le temps de cuisson à 30 minutes.” ***Mamie Anna***

CONFITURES ET COMPOTES

Confiture de figues aux noix

Préparation : 10 min (hors temps de macération) ♥ ***Cuisson :*** environ 15 à 20 min

Pour 4 pots

- *1 kg de figues*
- *700 g de sucre cristallisé*
- *1 citron*
- *100 g de cerneaux de noix*

1 **La veille**, lavez et séchez les figues. Enlevez leur queue.

2 Coupez-les en quatre, mettez-les dans une bassine ou une cocotte avec le sucre, le jus du citron et les cerneaux de noix.

3 Laissez macérer toute la nuit à couvert.

4 **Le jour même**, faites bouillir et cuire 10 min en mélangeant afin que la confiture n'attache pas au fond.

5 Écumez souvent.

6 Vérifiez la prise sur une soucoupe préalablement mise au réfrigérateur : la préparation doit se figer tout de suite, sinon continuez la cuisson 5 à 10 min.

7 Versez la confiture dans des pots stérilisés, fermez-les.

8 Laissez refroidir et retournez les pots.

CONFITURES ET COMPOTES

Confiture de rhubarbe

Préparation : 10 min (hors temps de macération) ♥ **Cuisson :** environ 20 min

Pour environ 5 pots de 375 g

- *1 kg de rhubarbe (entière)*
- *800 g de sucre cristallisé*
- *1 pincée de cannelle ou 2 clous de girofle*

ASTUCE GOURMANDE

“ Je conseille à ceux qui apprécient peu la rhubarbe à cause de son acidité de goûter cette confiture en l'étalant sur une tranche de pain d'épice : l'association des deux est vraiment savoureuse.” ***Mamou***

1. Coupez les feuilles de rhubarbe pour ne garder que les côtes.
2. Nettoyez-les soigneusement.
3. Si la rhubarbe a été cueillie au printemps, inutile d'en enlever les fils. Sinon, il est préférable de la peler et de les ôter.
4. Coupez les tiges en petits tronçons.
5. Couvrez de sucre et mélangez.
6. Laissez macérer au frais durant 2 h ou, mieux, toute une nuit.
7. Récupérez le jus de la macération et, à feu vif, faites-le réduire environ de moitié.
8. Amenez-le tout doucement à ébullition et écumez.
9. Ajoutez la cannelle ou les clous de girofle (que vous retirerez avant la mise en pots) et faites cuire à feu vif environ 20 min sans cesser de remuer, jusqu'à ce que la confiture épaississe et que sa couleur vire au rose.
10. Versez la confiture dans des pots stérilisés, bouchez.
11. Laissez refroidir et retournez les pots.
12. Stockez-les à l'abri de la lumière.

ASTUCES PRATIQUES

“ La rhubarbe de printemps est moins acide que celle de l'automne.” ***Mamie Maria***

“ Je conserve les feuilles de rhubarbe pour en faire du purin (prévoyez 1 à 1,5 kilo de feuilles pour 10 litres d'eau). Il agit contre les pucerons et prévient le ver du poireau.” ***Mamie Anna***

CONFITURES ET COMPOTES

Confiture d'agrumes

Préparation : 5 min ♥ ***Cuisson :*** environ 1 h

Pour 9 pots de 370 g

- *3 pomelos*
- *1 orange*
- *1 citron*
- *2 kg de sucre*

ASTUCE GOURMANDE

“Je préfère utiliser des pomelos de Floride : leur peau est plus fine et ils sont plus sucrés que les autres.” ***Michel***

1 Placez les fruits lavés, non épluchés et coupés en quatre dans un récipient.

2 Couvrez d'eau.

3 Laissez cuire 30 min après la reprise de l'ébullition, à feu doux, sans couvrir. Ajoutez le sucre.

4 Laissez cuire encore 30 min comme précédemment.

5 Passez le tout au mixeur.

6 Versez la confiture dans des pots stérilisés. Fermez-les et retournez-les.

CONFITURES ET COMPOTES

Gelée de coings

Préparation : 15 min (hors temps de dégorgement des fruits) ♥ ***Cuisson :*** environ 45 min

Pour environ 5 pots de 375 g

- *1 kg de coings*
- *800 g de sucre par litre de jus recueilli*
- *1 citron*

ASTUCE PRATIQUE

“Je prépare toutes mes confitures et gelées avec du sucre amélioré, du type Confisuc. La cuisson est plus rapide.”
Élise

1 **La veille**, essuyez les coings pour enlever leur duvet.

2 Épluchez-les, retirez le trognon et les pépins. Réservez tous ces résidus.

3 Coupez les coings en quartiers.

4 Enveloppez séparément les épluchures et les cœurs avec les pépins dans un nouet en mousseline. Disposez le tout dans une bassine, couvrez d'eau.

5 Portez à ébullition et faites mijoter jusqu'à ce que les coings prennent une belle couleur rousse (comptez 30 à 40 min).

6 Versez dans un tamis, laissez égoutter toute une nuit.

7 **Le jour même**, tordez le nouet pour en extraire tout le gélifiant.

8 Réservez la chair des coings pour en faire de la pâte de coings.

9 Mesurez le jus recueilli, filtrez-le.

10 Versez le jus dans une marmite, ajoutez le sucre et le jus du citron. Mélangez.

11 Faites chauffer doucement en remuant souvent jusqu'à ce que le sucre soit dissous. Écumez.

12 Portez à ébullition et laissez cuire à feu vif environ 10 min ; la gelée est prête lorsqu'elle nappe l'écumoire.

13 Mettez en pots, remplissez-les et bouchez immédiatement.

ASTUCE DIÉTÉTIQUE

“Ma mère donnait déjà de la gelée de coings à ses enfants pour soigner leur diarrhée.”
Mamie Anna

CONFITURES ET COMPOTES

Confiture de cassis et autres fruits rouges

Préparation : 30 min (hors temps de tamisage) ♥ ***Cuisson :*** 10 min

Pour 5 pots de 375 g

- *500 g de cassis*
- *500 g de mûres*
- *500 g de myrtilles*
- *20 cl d'eau*
- *1,2 kg de sucre gélifiant pour confiture*
- *1 citron (on peut ajouter des groseilles égrappées ainsi que leur poids en sucre)*

1 Rincez les fruits et égrappez-les.

2 Déposez les cassis et les mûres dans un faitout.

3 Ajoutez l'eau.

4 Laissez bouillir pendant 5 min (les fruits vont éclater et rendre leur jus).

5 Versez dans un tamis au-dessus d'un récipient et laissez le jus s'écouler sans presser (cela peut durer 2 h).

6 Pesez le jus recueilli, ajoutez son poids en sucre et le jus du citron.

7 Versez dans la bassine à confiture avec les myrtilles et 500 g de sucre.

8 Portez à ébullition, remuez puis laissez cuire 5 min, en écumant de temps en temps.

9 Répartissez alors la confiture dans des pots ébouillantés (stérilisés), fermez-les hermétiquement et laissez refroidir.

ASTUCE PRATIQUE

“Après avoir vissé le couvercle, je retourne aussitôt le pot pour faire un vide d'air et ainsi éviter la formation de moisissures.”
Élise

ASTUCE GOURMANDE

“Pour savoir quand la préparation est assez cuite, j'en prélève 1 cuillerée à soupe que je dépose sur une coupelle froide : si elle glisse lentement et se fige rapidement, elle est à point. Une cuisson prolongée n'est pas dramatique, mais on retrouve moins le goût du fruit.”
Élise

CONFITURES ET COMPOTES

Confiture de cerises

Préparation : 20 min ♥ ***Cuisson :*** 10 à 15 min

Pour environ 4 pots de 375 g

- *1,2 kg de cerises (pour environ 1 kg net, après dénoyautage)*
- *800 g de sucre cristallisé*
- *1 citron*

1 Lavez les cerises et séchez-les.

2 Équeutez-les et dénoyautez-les.

3 Dans une casserole, versez 25 cl d'eau froide et ajoutez le sucre.

4 Faites chauffer doucement en remuant en permanence jusqu'à dissolution complète du sucre.

5 Portez à ébullition.

6 Lorsque de petites bulles apparaissent à la surface, ajoutez les cerises et le jus du citron.

7 Faites reprendre l'ébullition.

8 Écumez et laissez cuire 10 à 15 min en remuant régulièrement.

9 Versez la confiture dans des pots préalablement stérilisés.

10 Fermez les bocaux et retournez-les, encore chauds, jusqu'à complet refroidissement.

ASTUCE GOURMANDE

“J'utilise surtout des bigarreaux, charnus et juteux. Plus les cerises sont mûres, meilleure sera la confiture.” **Élise**

ASTUCE DIÉTÉTIQUE

“Je conserve les queues de cerises pour en faire de la tisane : j'en plonge 1 poignée (environ 30 grammes) dans 1 litre d'eau froide et je laisse macérer 12 heures. Ensuite, je fais bouillir 10 minutes dans l'eau et infuser 10 autres minutes. À raison de 3 tasses par jour, cette tisane agit contre la rétention d'eau, mais elle est assez amère ; alors j'ajoute 1 petite cuillerée à café de miel.” **Lisette**

CONFITURES ET COMPOTES

Gelée de groseilles

Préparation : 10 min (hors temps d'écoulement du jus) ♥ ***Cuisson :*** 15 à 20 min

Pour environ 3 pots de 375 g

- *500 g de groseilles*
- *1 verre d'eau*
- *sucre : quantité égale au poids du jus de fruits obtenu*

1 Lavez, séchez et égrappez les groseilles.

2 Faites-les cuire dans une casserole avec le verre d'eau environ 8 min.

3 Versez-les dans un tamis et écrasez-les légèrement pour en recueillir tout le jus.

4 Pesez le jus et ajoutez son poids en sucre.

5 Mettez à cuire en remuant constamment.

6 À partir des premiers bouillonnements, cessez de tourner, écumez et faites cuire encore 3 min.

7 Versez la confiture dans des pots stérilisés, fermez-les.

8 Laissez refroidir et retournez les pots.

ASTUCE PRATIQUE

“ La groseille ayant peu de pectine, j'obtiens une meilleure gélification en plaçant un pochon de pépins de citron dans mon faitout. De façon générale, pour que mes gelées ne soient ni trop liquides, ni trop épaisses, j'ajoute toujours quelques fruits verts aux fruits mûrs.”
Mamie Anna

CONFITURES ET COMPOTES

Gelée de mûres

Préparation : 20 min ♥ ***Cuisson :*** environ 10 min

Pour 5 ou 6 pots de 250 g

- *1 kg de mûres*
- *sucre blond de canne : quantité égale au poids du jus de fruits obtenu*

ASTUCE PRATIQUE

❝ *Je n'utilise que du sucre blond de canne car on obtient une gelée moins liquide qu'avec d'autres produits."* **Colette**

1 Lavez, équeutez et égouttez les mûres dans une passoire.

2 Versez-les dans une bassine et faites-les chauffer 10 à 15 min à feu doux en les écrasant avec un pilon de manière à ce que les graines éclatent.

3 Passez les mûres au moulin à légumes pour débarrasser le jus des graines.

4 Passez éventuellement à la passoire fine.

5 Pesez le jus et ajoutez son poids en sucre de canne.

6 Mélangez et faites chauffer à feu très doux.

7 Laissez bouillir faiblement environ 7 min.

8 Lorsque la gelée colle à la cuillère en bois, retirez du feu.

9 Versez la gelée chaude dans des pots stérilisés, fermez et retournez immédiatement.

CONFITURES ET COMPOTES

Compote de quetsches

Préparation : 5 min ♥ ***Cuisson :*** environ 1 h 30

Pour environ 4 pots de 250 g

- *1 kg de quetsches mûres*
- *le zeste de 1 citron non traité*
- *150 g de sucre cristallisé*

1. Passez les quetsches sous l'eau et essuyez-les.
2. Coupez-les en deux et dénoyautez-les.
3. Faites cuire à feu moyen en remuant souvent pendant 30 min.
4. Lorsqu'elles sont ramollies, passez-les au moulin à légumes.
5. Rincez et essuyez le citron. Prélevez le zeste avec un couteau économe et hachez-le finement.
6. Versez la purée de quetsches dans une bassine à confiture, ajoutez le zeste de citron et versez le sucre.
7. Poursuivez la cuisson à feu doux pendant environ 1 h en remuant souvent, car cette compote attache facilement.
8. Dégustez froid ou versez la compote dans des bocaux stérilisés si vous souhaitez la conserver.

ASTUCE PRATIQUE

“ *Une fine pellicule blanche sur les quetsches ne doit pas vous inquiéter au contraire ! C'est un signe de fraîcheur. Le fruit fabrique naturellement cette pruine pour se protéger.”*
Mamou

Compote vigneronne

Préparation : 25 min ♥ ***Cuisson :*** environ 30 min

Pour 6 personnes

- *6 pêches*
- *3 poires*
- *4 pommes à chair ferme*
- *2 grappes de raisin*
- *15 noix fraîches*
- *1 bouteille de bon vin rouge*
- *1 verre de jus de raisin*
- *250 g de sucre roux*
- *1 clou de girofle*
- *1 pincée de cannelle*
- *4 grains de poivre noir*

1 Pelez les pêches, coupez-les en quartiers et dénoyautez-les.

2 Épluchez les poires, coupez-les en quartiers et retirez-en le cœur et les pépins.

3 Faites de même avec les pommes.

4 Pelez les raisins et ôtez-en les pépins (idéalement).

5 Retirez la petite peau qui recouvre les noix (c'est facile lorsqu'elles sont fraîches).

6 Versez le vin dans une casserole ainsi que le jus de raisin, le sucre roux, le clou de girofle, la cannelle et les grains de poivre.

7 Amenez à ébullition puis laissez réduire de ⅓ environ.

8 Filtrez le sirop dans une passoire fine et remettez à bouillir.

9 Jetez les quartiers de pommes, pêches et poires dans ce sirop et laissez-les cuire jusqu'à ce que les fruits deviennent translucides.

10 Ajoutez les grains de raisin et les cerneaux de noix dans la compote et poursuivez la cuisson encore 2 min.

11 Versez dans un compotier, laissez refroidir et servez très frais.

CONFISERIES

Guimauves

Préparation : 30 min (hors temps de réfrigération) ♥ ***Cuisson :*** environ 10 min

Pour 4 à 6 personnes

- *6 feuilles de gélatine*
- *8 cl d'eau*
- *240 g de sucre en poudre*
- *4 blancs d'œufs*
- *250 g de fécule de pomme de terre*
- *250 g de sucre glace*
- *2 c. à c. de sirop de fraise*
- *125 g de chocolat (facultatif)*

ASTUCE GOURMANDE

“ Pour les adultes, on peut remplacer le sirop de fraise par de l'alcool.” ***Pierrette***

1 Faites ramollir la gélatine dans de l'eau froide.

2 Versez l'eau et le sucre en poudre dans une casserole et faites chauffer.

3 Dès que l'eau frémit, faites cuire à feu moyen 8 à 10 min.

4 Passez le sirop au chinois et incorporez-le aux blancs d'œufs en le versant lentement le long des parois du bol du robot.

5 Ajoutez la gélatine essorée.

6 Laissez tiédir quelques instants sans arrêter le robot.

7 Ajoutez le sirop de fraise.

8 Recouvrez la plaque du four d'une feuille de papier sulfurisé.

9 Tamisez le mélange fécule/sucre glace et répartissez-en la moitié sur la plaque.

10 Versez la guimauve dessus et lissez la surface avec une spatule.

11 Laissez refroidir puis mettez au réfrigérateur au moins 1 h.

12 Retournez la plaque, retirez le papier sulfurisé et saupoudrez généreusement l'autre côté de la guimauve du mélange fécule/sucre glace.

13 Façonnez la guimauve selon vos envies : coupez-la en bandes ou découpez-la à l'aide d'un emporte-pièce.

14 Éventuellement, enrobez la guimauve de chocolat fondu.

ASTUCE PRATIQUE

“ Si vous n'avez pas d'emporte-pièce, utilisez des moules à glaçons.” ***Pierrette***

CONFISERIES

Roudoudous

Préparation et cuisson : environ 20 min (hors temps de refroidissement)

Pour une dizaine de roudoudous

- *150 g de sucre en poudre*
- *4 c. à s. d'eau*
- *1 c. à s. de sirop de grenadine ou de menthe (facultatif)*
- *10 coquillages creux*

1 Versez le sucre et l'eau dans une casserole.

2 Portez à ébullition sans remuer.

3 Secouez la casserole de temps en temps pour éviter que le sucre ne cristallise.

4 Laissez encore cuire environ 15 min (le sirop a épaissi et fait de grosses bulles).

5 Retirez la casserole du feu et ajoutez éventuellement le sirop de grenadine ou de menthe.

6 Baignez la casserole dans un grand récipient d'eau froide pour vraiment arrêter la cuisson.

7 Versez le sucre cuit dans les coquillages lavés et séchés.

8 Laissez refroidir.

CONFISERIES

Caramels au lait

Préparation et cuisson : environ 25 min (hors temps de refroidissement)

Pour 50 caramels

- *30 cl de lait*
- *80 g de beurre*
- *120 g de miel*
- *1 c. à c. d'extrait de vanille liquide*
- *huile*

1 Versez le lait dans une casserole.

2 Ajoutez le beurre en morceaux, le miel et la vanille.

3 Faites chauffer sur feu vif en remuant à la cuillère en bois jusqu'à ce que le mélange soit homogène.

4 Poursuivez la cuisson environ 20 min en tournant souvent jusqu'à obtenir une belle coloration café au lait.

5 Coulez le caramel sur la plaque du four huilée. Versez-le en le ramenant au fur et à mesure vers le centre avec une spatule métallique huilée. En refroidissant, le caramel va durcir et garder une forme carrée.

6 Laissez tiédir le caramel.

7 Toujours avec la spatule huilée, tracez un quadrillage sur le caramel.

8 Avant que le caramel ne soit froid, repassez sur les lignes en appuyant plus fortement pour bien marquer les carrés, comme sur une tablette de chocolat.

9 Séparez les carrés en cassant la « tablette » de caramel.

ASTUCE GOURMANDE

“ *Vous pouvez remplacer le beurre par du beurre salé. C'est délicieux aussi !”* *Pierrette*

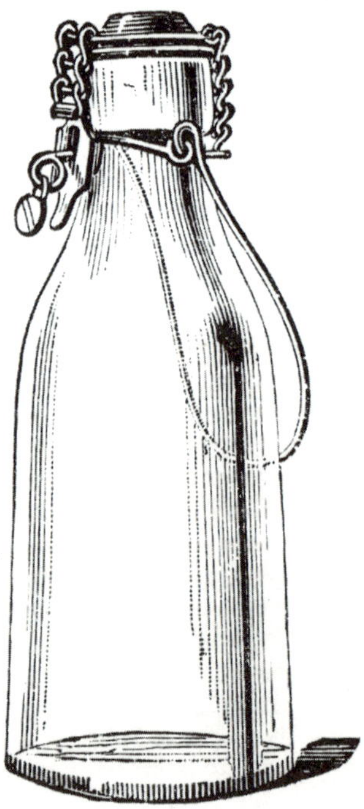

ASTUCE PRATIQUE

“ *Emballés individuellement dans du film alimentaire, ces caramels se conservent 3 jours au réfrigérateur.”* **Pierrette**

CONFISERIES

Caramels au chocolat

Préparation et cuisson : environ 15 min (hors temps de refroidissement)

Pour une vingtaine de caramels

- *50 g de chocolat*
- *75 g de sucre en poudre*
- *2 c. à s. d'eau*
- *40 g de miel*
- *75 g de crème fraîche (ou 7,5 cl)*

1 Râpez le chocolat.

2 Faites fondre le sucre dans une casserole avec l'eau.

3 Ajoutez le chocolat râpé, puis le miel et la crème.

4 Mélangez pendant la cuisson avec une spatule en bois.

5 Déposez une goutte de caramel sur une assiette : si elle se détache facilement avec la pointe d'un couteau, le caramel est à point.

6 Versez-le sur une plaque huilée.

7 Attendez environ 30 min.

8 Coupez-le en morceaux à l'aide d'un couteau et laissez reposer jusqu'à complet refroidissement.

CONFISERIES

Sucettes au caramel

Préparation : environ 10 min ♥ ***Cuisson :*** environ 3 min

Pour 10 sucettes

- *100 g de sucre en poudre*
- *3 c. à s. d'eau*
- *quelques gouttes de jus de citron*
- *20 g de beurre ramolli*
- *10 petits bâtons en bois*
- *huile*

1 Dans une casserole, versez le sucre, l'eau et le jus de citron.

2 Faites cuire à feu doux jusqu'à obtenir un caramel couleur jaune paille.

3 Hors du feu, incorporez le beurre en mélangeant doucement avec une cuillère en bois.

4 Laissez tiédir sans cesser de remuer.

5 Coulez de grosses gouttes de caramel sur une plaque huilée.

6 À l'aide d'une spatule, donnez-leur la forme de sucettes.

7 Introduisez 1 petit bâton en bois au centre de chaque sucette pendant que le caramel est encore mou.

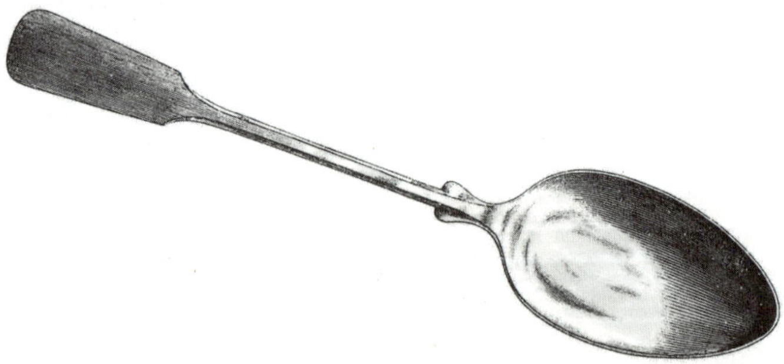

CONFISERIES

Truffes aux noix

Préparation : environ 25 min (hors temps de réfrigération)

Pour une cinquantaine de truffes

- *2 × 125 g de sucre en poudre*
- *5 jaunes d'œufs*
- *250 g de crème fraîche*
- *125 g de beurre*
- *½ gousse de vanille*
- *400 g de chocolat de couverture (à acheter chez un chocolatier)*
- *400 g de chocolat au lait*
- *1 verre à liqueur de calvados*
- *100 g de noix concassées*
- *250 g de sucre glace*

1 **La veille**, mélangez au fouet 125 g de sucre avec les jaunes d'œufs.

2 Dans une casserole, versez la crème fraîche, le beurre, les 125 g de sucre restant, ajoutez la demi-gousse de vanille et faites bouillir.

3 Retirez la gousse et incorporez le premier mélange au second.

4 Hors du feu, ajoutez le chocolat de couverture, le chocolat au lait et le calvados.

5 Laissez reposer une nuit au réfrigérateur.

6 **Le jour-même**, ajoutez les noix concassées à la préparation.

7 À l'aide d'une petite cuillère, formez des petites boules et déposez-les sur du papier sulfurisé.

8 Placez 2 h au réfrigérateur.

9 Avant de servir, roulez les truffes dans le sucre glace.

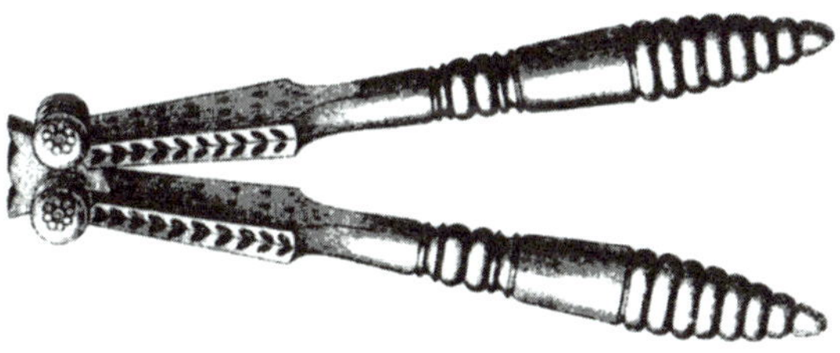

CONFISERIES

Truffes au chocolat

Préparation : 15 min (hors temps de réfrigération)

Pour une trentaine de truffes

- *250 g de chocolat noir*
- *125 g de beurre*
- *2 jaunes d'œufs*
- *125 g de sucre glace*
- *1 sachet de sucre vanillé*
- *1 bol de cacao en poudre*

1 Faites fondre le chocolat en morceaux au bain-marie.

2 Ajoutez le beurre coupé en petits morceaux et mélangez pour obtenir une crème lisse.

3 Retirez la casserole du feu, ajoutez les jaunes d'œufs puis les sucres.

4 Mélangez jusqu'à ce que la préparation soit homogène.

5 Placez 2 h au réfrigérateur pour que le chocolat durcisse un peu.

6 Façonnez des boulettes de chocolat entre vos mains.

7 Roulez-les dans la poudre de cacao.

ASTUCES GOURMANDES

“ Rien n'empêche de parfumer les truffes en ajoutant à la préparation 1 cuillerée à soupe de cognac ou de liqueur.

Je les préfère nature et je m'amuse à les rouler dans de la noix de coco râpée ou de la poudre de noisettes. Ça fait un bel assortiment.”

Mamou

CONFISERIES

Mendiants

Préparation : 10 min (hors temps de réfrigération) ♥ ***Cuisson :*** 5 min

Pour 20 mendiants

- *120 g de chocolat noir*
- *20 noisettes grillées*
- *20 amandes émondées*
- *20 pistaches décortiquées*
- *20 raisins secs*
- *quelques abricots secs*

1 Faites fondre le chocolat coupé en morceaux au bain-marie.

2 À l'aide d'une cuillère à soupe, déposez des petits tas de chocolat fondu sur une feuille de papier cuisson disposée sur une plaque.

3 Aplatissez-les légèrement avec le dos de la cuillère.

4 Déposez sur chaque palet 1 noisette, 1 amande, 1 pistache, 1 raisin sec et 1 fin morceau d'abricot sec.

5 Laissez refroidir avant de décoller les mendiants avec une spatule.

ASTUCES GOURMANDES

“ Mieux vaut avoir du bon chocolat, à 70 % de cacao.

Rien n'empêche de varier les plaisirs en utilisant des figues, des noix ou des oranges confites.”
Mamou

CONFISERIES

Fruits déguisés

Préparation : environ 15 min (hors temps de repos)

Pour 30 fruits

- *250 g de sucre glace*
- *250 g de poudre d'amandes*
- *2 blancs d'œufs*
- *30 noix, dattes, pruneaux*
- *30 caissettes en papier*

1 Dans un saladier, mélangez le sucre et la poudre d'amandes.

2 Montez les blancs en neige et incorporez-les au mélange.

3 Travaillez avec une spatule afin d'obtenir une pâte épaisse et lisse.

4 Fendez dattes et pruneaux dans le sens de la longueur.

5 Cassez les noix et dégagez-en les cerneaux.

6 Fourrez les fruits de morceaux de pâte d'amandes et posez-les dans des caissettes en papier.

CONFISERIES

Pâtes de fruits

Préparation : 15 min (hors temps de repos) ❤ ***Cuisson :*** environ 35 min

Pour environ 4 personnes

- *750 g de pommes (ou poires, prunes)*
- *1 paquet de sucre semoule*
- *10 cl d'eau*

ASTUCE GOURMANDE

❝ *Associez plusieurs fruits selon vos goûts : framboises et groseilles, myrtilles et mûres, par exemple.” **Mamie Anna***

1. Lavez, pelez et coupez les fruits en morceaux.
2. Le cas échéant, conservez-en le cœur et les pépins et enfermez-les dans une mousseline.
3. Faites chauffer le tout, à couvert, dans une casserole avec très peu d'eau.
4. Quand les fruits sont tendres (au bout de plus ou moins 15 min), passez-les au moulin à légumes (grille fine).
5. Pesez la purée de fruits ainsi obtenue et ajoutez son poids en sucre semoule.
6. Remettez le tout dans la casserole et laissez cuire environ 20 min en remuant régulièrement.
7. Vérifiez la consistance en versant un peu de marmelade dans une assiette froide : elle doit rester compacte.
8. Versez dans des moules à glaçons ou sur une plaque de cuisson à petits rebords.
9. Laissez refroidir et durcir avant de démouler (selon le temps, cela peut prendre jusqu'à 24 h).
10. Roulez les pâtes de fruits dans le sucre.

ASTUCE PRATIQUE

❝ *Les fruits juteux comme les fraises, les pêches ou les framboises n'ont pas besoin d'être précuits : passez-les directement au moulin à légumes. Ajoutez 1 cuillerée à soupe de jus de citron ou du gélifiant acheté dans le commerce, car ils se gélifient difficilement.”*
Mamie Anna

CONFISERIES

Pâte de coings

Préparation : 20 min (hors temps de repos) ♥ ***Cuisson :*** environ 30 min

Pour environ 4 personnes

- *750 g de coings*
- *1 citron*
- *l'équivalent du poids des coings épluchés en sucre semoule*
- *10 cl d'eau*
- *2 c. à s. de sucre cristallisé*

1 Rincez le citron et prélevez le zeste.

2 Épluchez les coings, retirez-en le cœur et les pépins.

3 Pesez les fruits et prévoyez leur poids en sucre semoule.

4 Posez les coings et les zestes de citron dans une bassine et ajoutez l'eau.

5 Portez à ébullition sur feu doux en remuant régulièrement.

6 Laissez cuire jusqu'à ce que les coings soient réduits en purée (comptez 25 min).

7 Ajoutez le sucre semoule et laissez cuire encore 5 min en remuant.

8 Versez la pâte de coings dans un moule rectangulaire de manière à obtenir une couche d'environ 2 cm d'épaisseur.

9 Laissez reposer et durcir au moins 4 h au sec et au frais.

10 Taillez des rectangles dans la pâte et roulez-les dans le sucre cristallisé.

ASTUCE PRATIQUE

“ Ces pâtes de fruits se conserveront 3 ou 4 mois, c'est-à-dire jusqu'à Noël, dans une boîte de fer, en couches séparées par du papier sulfurisé.” ***Lisette***

ASTUCE GOURMANDE

Vous pouvez ajouter des fruits secs à la pâte de coings avant de la verser dans le moule.

DESSERTS DE VOS GRANDS-MÈRES

DESSERTS DE VOS GRANDS-MÈRES

DESSERTS DE VOS GRANDS-MÈRES

CRÉDITS ICONOGRAPHIQUES

p. 4-5, 8-9, 58-59, 82-83, 122-123, 187 (fonds) : © Régis Grman
p. 11, 41, 47, 81, 129, 151, 165 : © Bilic/Photocuisine
p. 13 : © Norton, Jim/StockFood/StudioX
p. 15 : © Viel/Photocuisine
p. 17, 63, 137 : © Eising Studio-Food Photo&Video/StockFood/StudioX
p. 21, 143 : © Eric Fenot/Stockfood/StudioX
p. 23, 73 : © Hall/Photocuisine
p. 25, 181 : © Viel/Photocuisine
p. 27, 99 : © Caste/Photocuisine
p. 22, 29, 32, 40, 42, 49, 56, 65, 68, 78, 88, 90, 98, 117, 118, 132, 133, 142, 144, 147, 162, 176, 178, 184 : © Galerie Jean-Claude Martinez
p. 31 : © Stockfood/Fenot, Eric
p. 33, 93, 159 : © Fleurent/Photocuisine
p. 35 : © Ramen/Photocuisine
p. 37, 71, 149 : © Mallet/Photocuisine
p. 43, 45 : © Hay, John/Stockfood/StudioX
p. 53, 185 : © Leser/Photocuisine
p. 55 : © FOOD-pictures/Fotolia
p. 61, 169 : © Roulier/Turiot/Photocuisine
p. 67 : © Ginet-Drin/Photocuisine
p. 69 : © Guedes/Photocuisine
p. 75, 121 : © Lister, Louise/Stockfood/StudioX
p. 77 : © Poissond'Avril/Photocuisine
p. 85, 141 : © Amiard/Photocuisine
p. 87 : © Abd/Photocuisine
p. 89 : © Muriot/Photocuisine
p. 95, 139 : © Alain Caste/Stockfood/StudioX
p. 97 : © Dieterlen/Photocuisine
p. 99 : © Amon/Photocuisine
p. 103 : © Janssen/Photocuisine
p. 107, 113 : © Amiel/Photocuisine
p. 109 : © Winkelmann/Photocuisine
p. 111 : © Sirois/Photocuisine
p. 115 : © J.Rynio/Stockfood/StudioX
p. 119 : © Hammond/Photocuisine
p. 125 : © Japy/Photocuisine
p. 127 : © Bono/Photocuisine
p. 131 : © Fotospring/Photocuisine
p. 133 : © Boulay/Photocuisine
p. 145 : © Duca/Photocuisine
p. 153 : © Desgrieux/Photocuisine
p. 155 : © Caillaut/Photocuisine
p. 161 : © Food-micro-Fotolia
p. 163 : © Riou/Photocuisine
p. 171 : © Seelow/Photocuisine
p. 173 : © Foodfolio/Photocuisine
p. 175 : © Diak Uis/Stockfood/StudioX
p. 179 : © Nicoloso/Photocuisine

Couverture (de haut en bas et de gauche à droite) :
© Africa Studio/Fotolia
© Georgia Glynn Smith/Getty Images
© seregalsv/Fotolia
© Francesca Yorke/Getty Images
© Michael Paul/Getty Images
Fond : © Régis Grman

Après avoir été rédactrice en chef adjointe d'un magazine culturel *(Epok)*, Sylvie Dumon-Josset a prêté sa plume à plusieurs journaux et collaboré avec la télévision. Elle est l'auteur du best-seller *1001 secrets de grands-mères* ; des *1001 secrets de la langue française*, du cahier *Êtes-vous bon en orthographe ?* et des *Recettes de grands-mères et leur assortiment d'astuces*.

Achevé d'imprimer
en juin 2013
par Gorenjski tisk Storitve
Slovénie